DUO WEI SHI YU XIA DE
WANG LUO SHE HUI
QUN TI YAN JIU

多维视域下的
网络社会群体研究

张磊 朱健序 李勇男◎著

中国民主法制出版社
2021年·北京

图书在版编目(CIP)数据

多维视域下的网络社会群体研究/张磊,朱健序,李勇男著. —北京:中国民主法制出版社,2021.12

ISBN 978-7-5162-2740-4

Ⅰ.①多… Ⅱ.①张… ②朱… ③李… Ⅲ.①互联网络—群体社会学—研究 Ⅳ.①C912.22

中国版本图书馆 CIP 数据核字(2022)第 006047 号

图书出品人:刘海涛
出版统筹:乔先彪
责任编辑:陈 曦 谢瑾勋

书名/多维视域下的网络社会群体研究
作者/张 磊 朱健序 李勇男 著

出版·发行/中国民主法制出版社
地址/北京市丰台区右安门外玉林里 7 号(100069)
电话/(010)63055259(总编室) 63058068 63057714(营销中心)
传真/(010)63055259
http:// www. npcpub. com
E-mail:mzfz@ npcpub. com
经销/新华书店
开本/16 开 710 毫米×1000 毫米
印张/10 **字数**/133 千字
版本/2021 年 12 月第 1 版 2021 年 12 月第 1 次印刷
印刷/北京天宇万达印刷有限公司

书号/ISBN 978-7-5162-2740-4
定价/48.00 元

作者介绍：

张磊，汉族，河南兰考人，中共党员，文学博士，中国人民公安大学国家安全学院副教授，硕士生导师，研究方向为社会群体、文本分析等。

朱健序，汉族，山东青岛人，中共党员，法学硕士，中国人民公安大学国家安全学院助教，研究方向为网络群体分析、公安情报分析等。

李勇男，朝鲜族，吉林长春人，工学博士，中国人民公安大学国家安全学院副教授，博士生导师，研究方向为国家安全、情报分析、风险评估等。

依托项目：

1. 中国人民公安大学高水平非在编机构建设项目

“总体国家安全观视阈下公共安全情报智库建设”(2021FZB10)

2. 中国人民公安大学基本科研业务费重大项目

“基于群智协同的大数据驱动的‘情景—应对’型反恐决策机制研究”(2021JKF106)

3. 中国人民公安大学2021年公安学科基础理论研究专项项目

“大数据背景下的反恐风险预警基础理论研究”(2021XKZX07)

自序

作为技术驱动而产生的群体聚合形式，网络社群最早出现于二十世纪八十年代的美国，是由美国各大学为便于学术交流而链接组成的用户交流网（USENET）。作为一种社会现象，网络社群则兴起于BBS、QQ等即时性社交软件普遍应用之后。作为学术研究对象，网络社群的概念最早由美国社会学家霍华德·莱茵戈德（Howard Rheingold）在1993年提出。随着网络技术的迅速发展和应用普及，网络社群已悄然兴起并改变了群体演变过程，使群体结构呈现出圈层化现象和积聚效应，对社会经济、社会政治和社会文化的稳定和发展都带来较大影响，重塑着人们的社会生活和工作方式，成为社会变革与发展的重要方向和趋势。作者对网络社会群体的关注始于2010年前后，源于当时甚嚣尘上的"陕西周正龙拍虎"案件和江苏南京"周久耕天价烟事件"引发的网络舆情。目睹了事件的发生、发酵、爆发和最后的落幕，惊诧于互联网加持下网民的积聚速度、网友的集智能力及网络舆情对现实社会的影响力和冲击力，也产生了诸多疑问和不解，一是诱发网络舆情事件的兴奋点和冲击点是什么？二是网络舆情事件的动员机制和模式是什么？三是网络舆情事件中网民的结构关系是什么？四是网络社会群体成员的信任和认同机制是什么？带着这些疑问与不解，运用自身所学情报分析和文本分析的技术和方法，作者先后成功申报了民政部、公安部和北京市社会科学基金的研究项目，并获得民政部课题研究二等奖和三等奖，发表了多篇高质量学术论文，为后续研究奠定了深厚的理论和技术基础。

本书是作者对于网络社会群体的新探索。本书以现代社会发展变迁的三个特点为背景，把握网络社群的本质特征。一是网络社会的流动性。正如卡斯特指出："流动不仅是社会组织里的一个要素而已，流动是支配了我们的经济、政治与象征生活之过程的表现。"二是网络社会对人们生存时空的压缩。交往结构和交往形式加快了时空的变化速度，而"时空范围缩短到了现存就是全部存在的地步"。三是网络社会使人与人之间形成了快速关系，即人们围绕一个非常集中的目标迅速构建临时的社交圈（非正式的社会关系），当目标达到，这种关系有可能很快被遗忘和放弃。与之相适应，本文也整合情报学、语言学及统计学研究方法，建立了文本分析、行为计量和社会网络分析组成的分析和研究方法技术体系。

本书共有六个章节（含绪论），主体部分为四个章节。第一章主要是运用文献计量方法分析了 2005 年至 2021 年与社会群体相关的研究文献，归纳提出大数据背景下网络社会群体研究的方法创新：内容分析法、社会网络分析法及行为计量法等。第二章主要是借助社会网络分析方法，分析和探讨了知名网络社区网络群体的互动形式、内在结构及群体密度等，并构建了网络社区的社会安全风险评估模式。第三章重点研究农民工服务组织的存在形态、运行机制及其社会文化环境等，形成了社会组织行为计量方法和社会组织发展的社会文化环境度量方法。第四章着重研究网络直播失范行为，以案例分析方式归纳了直播失德失范行为的表现特征及其产生的根本原因，创新了关键事件（行为）观察计量方法。

本书的出版得到中国民主法制出版社的大力支持，陈曦、谢瑾勋编辑给我们提出许多宝贵意见，对此我们表示衷心感谢！作者所指导的 2018 级研究生李圣齐、刘永粤、马林、孙圣辉和王怡彬协助完成了案例查找工作；2020 级研究生刘一、汪清华、王鼎贺和吴周正参与了书稿的校对工作，在此一并致谢！本书的绪论、第三章及第五章由张磊完成，第四章由朱健序完成，李勇男负责研究方法和技术的实施。

由于水平所限，书中难免存在疏漏和不足之处，恳请读者指正。

作者

2021 年 11 月 30 日

目 录

绪　论

荀子说过,“力不若牛,走不若马,而牛马为用,何也?曰:人能群,彼不能群也”。出于本能需求,动物群体只是某种机械集合。对于人类来讲,群体具有社会属性,是人们以社会关系为媒介,开展共同活动和情感交流的集体。群体是社会的中间结构,介于社会和个体之间,是连接二者的媒介。基于群体视角的社会研究可以从新形式群体的出现、运行状态、群际关系,以及内部结构等方面把握社会发展动态和社会发展趋势。

随着现代信息技术和通信技术的普及应用,QQ 群、微信群、朋友圈及论坛贴吧等的出现,既创新了信息传播的渠道,变革了人们社会交往的方式,也催生了新的社会群体形态,改变了社会群体的运行态势及群体结构等。正如约翰·奈斯比特(John Naisbitt)所说,“人们把互联网看成是一个科技上的革命。但是错了,互联网不是科技改革而是社会、人与人关系的革命”。① 近年来,依托移动互联网技术的发展,社会群体的作用和影响呈现多元化倾向,如商业营销、共享经济、社群经济等;同时,社会群体的组织功能和动员能力也诱发了热点事件的出现和集群行为的发生。所以,对社会群体的研究具有社会意义和政治意义,值得学界的深入研究和探讨。

本书从社会安全、文化发展及网络空间治理的多维视角,运用文本分析、行为计量和社会网络分析技术,对三类网络社会群体进行了安全风险评析和治理对策研究,丰富了网络社会群体研究的理论、技术和方法。

---

① ［美］约翰·奈斯比特:《高科技·高思维:科技与人性意义的追寻》,尹萍译,新华出版社 2000 年版。

第一章　社会群体研究:理论与方法

一、社会群体研究的理论基础

“媒介塑造和控制了人类交往和行动的规模和形式。”①作为组织个体所依赖的工具和平台,社会群体既是社会构成形态,也为社会结构和社会运行的研究提供了一个新的视角。本章通过社会群体的概念界定、类型区别和理论解释为整个研究奠定基础。

(一)概念界定

社会群体(social group)是指人们以某种社会关系为连接,进行共同活动和感情交流的集合体。广义的社会群体,泛指一切通过持续的社会互动和社会关系而结合起来进行共同活动,并且有共同利益的人类集合体。狭义的社会群体是指有持续的直接交往联系起来的,具有共同利益的人群,往往指人际关系亲密的初级群体或者小群体。

总的来讲,社会群体应具有下述五个特征:一是有一定数量的人群,并且保持相对持久的人际互动;二是有维系群体联系的纽带或关系;三是有共同的目标和行为方式;四是具有明确和一致的群体意识;五是有一致的群体规范。

荀子说,“人之生不能无群,群而无分则争”,“争则乱,乱则离,离则弱,弱则不能胜物”。社会群体既是人类适应社会的产物,也是人类适应社会的过程,还是人类个体融入社会的必要环境。一般来讲,社会群体是社会成员社会化,即从自然人融入社会的媒介。家庭、伙伴和邻里等初级群体的人际互动和情感影响,能够通过关系的形成和情感的满足实现个体的社会化。同时,社会群体成员在群体互动中也可以习得基本

① [加]埃里克·麦克卢汉:《麦克卢汉精粹》,何道宽译,南京大学出版社2000年版。

的社会价值观念和社会行为规范，而社会群体也可以通过群体文化等方式影响群体成员，增强对行为规范的认同和遵从，发挥稳定社会秩序的作用。在现实生活中，不同的社会群体具有针对性和个性化的社会作用和功能。如进城务工人员群体的出现就推动城乡经济的交流、社会阶层的流动和社会的融合等。[①]

社会群体的发展具有相应的组织发展生命周期。塔克曼和詹森（Tuckman & Jensen，1977）在《小群体的发展阶段在思考》中提出群体发展的五个阶段模型，即群体形成阶段（Forming）、震荡阶段（Storming）、规范阶段（Norming）、执行阶段（Performing）和解体阶段（Adjourning）。[②] 拉库里埃（Lacousiere，1980）则在《群体的生命周期》中也建立了群体发展的五个阶段模型，即定向阶段（Orientation）、不满阶段（Dissatisfaction）、决定阶段（Resolution）、生产阶段（Production）和中止阶段（Termination）。[③] 从上述研究可以看出，所有的群体发展阶段模型都体现为三个核心阶段：形成（Forming）—行动（Performing）—解体（Termination）；同时也涉及三个主要要素：卷入（Inclusion）、控制（Control）和情感（Affection）。

（二）群体类型

社会学教材一般都将社会群体分为如下类型：初级群体和次级群体（以群体中人际关系的亲密程度为标准）、所属群体和参照群体（以群体成员的实际归属和内在愿望为标准）、内群体和外群体（以个体对群体的关系和态度为标准）等。[④] 根据研究需要，本章将社会群体作如下划分：正式群体和非正式群体、网络群体和现实群体、功能社会群体和趣缘社会群体。

根据群体成员组织的严密程度和群体运行的规范程度，社会群体可以分为正式社会群体和非正式社会群体。正式社会群体是指具有明确

---

① 蔡生菊：《农民工群体社会功能探析》，载《甘肃农业》2008 年第 8 期。

② Bruce W. Tuckman & Mary Ann C. Jensen，*Stages of Small-Group Development Revisited.* Group & Organization Studies. 1977(4)：419-427.

③ Lacoursiere Roy，*The Life Cycle of Groups.* 载孙晓敏：《群体动力》，北京师范大学出版社 2017 年版。

④ 王磊：《群体过程：理论解析与实证研究》，科学出版社 2018 年版。

的组织架构、分工明确、目标清晰的群体，如高校学生的各类社团组织等。非正式群体是指组织松散，且缺少认同的价值观的临时性群体，如群体性事件中的参与群体等。

广义的网络社会群体是指所有的网民，即“网络社会群体——网民”。[①] 狭义的网络社会群体是指以互联网为媒介，以网络交互空间为平台，在信息交流过程中所形成的成员相对稳定、互动较为频繁、具有一定行为规范的网民集合体。现实社会群体主要是指在实际生活中，因共同的兴趣、爱好、目标或经历所形成的群体。在目前互联网业已普及的情况下，网络社会群体和现实社会群体已经相互融合，无法划清二者的边界。具体表现在两个方面：一是现实社会群体的网络化，即现实社会群体在网络空间的延展；二是网络社会群体的现实化，也就是网络社会群体成员的行为活动由虚拟空间向实际生活的转化。

根据社会群体成员行为目标和行为动机的异同，社会群体可以划分为功能性社会群体和趣缘性社会群体。功能性社会群体形成的目的就是帮助群体成员实现任务目标，实现利益追求，满足特殊需求。类似社会群体的延续时间及群体成员往往都有较大的变化：一是社会群体的任务目标实现后，群体就失去其存续的必要，如为救助重病病人所建立的临时性募捐团队；二是群体成员流动性较大，如开展互助互救的特殊疾病论坛或社区，“肝胆相照”论坛[②]、“血友病”吧，以及现实生活中的“蚁族”[③]等。趣缘性社会群体[④]的形成建立在群体成员共同的兴趣爱好或价值追求之上。[⑤] 正如陶东风所说，“在每个人一生中，或多或少都曾经是某种程度上的粉丝”。[⑥] 在互联网背景下，趣缘性社会群体呈现出井

---

① 谢泽明：《网络社会学》，中国时代经济出版社 2002 年版。

② 陈丹：《与疾病的隐喻抗争：网络社群媒介“肝胆相照”论坛的健康传播实践研究》，复旦大学 2010 年硕士学位论文，第 16 页。

③ 闫文杰：《“校漂族”群体对高校稳定的影响及应对措施》，西南科技大学 2018 年硕士学位论文，第 13 页。

④ 李婉瑶：《个体化视角下趣缘群体兴盛现象研究：以 M 市“黎明脚步”为例》，华中师范大学 2018 年硕士学位论文，第 2 页。

⑤ 谢玉进：《网络趣缘群体与青少年发展》，载《中国青年研究》2006 年第 7 期。

⑥ 陶东风：《大众文化教程》，广西师范大学出版社 2012 年版。

喷状发展，如近年来出现的"抖音"趣缘群体[①]、网络动漫迷群[②]等。目前的网络趣缘群体根据交流平台可分为四类，即论坛型、即时通信型、博客圈型和游戏型；根据兴趣对象则可分为恋"人"型、恋"物"型、恋"活动"型和恋"媒体文本"型四类。[③]

（三）理论解析

学界对社会群体进行了相应的分析和研究，形成了社会表征理论、群体无意识理论、模仿理论等，为深入分析社会群体的内在结构、运行机制和行为机制等提供了研究工具和理论基础。本节以交往理论、群体动力理论、群体行为模式，以及社会认同理论为基础，分析和研究社会群体的产生、演化及行动。

1. 社会交往理论

"交往是人们在社会人际关系中发生的各种往来、互动、接触、联系和交流，它是社会发展和个体发展的必要条件之一。"[④]在现实生活中，社会交往的目的在于物质的交换、信息的交流及价值的实现。在《德意志意识形态》一书中，马克思和恩格斯提出了"物质交往"和"精神交往"的概念，认为它们是现实社会中人存在的基本方式，并通过交往形成人与人之间的物质关系和精神关系。[⑤] 同时，书中也强调"在交往过程中，人们可以产生相互补充而彼此加强和发展的能力或力量，从而提高自己个体的效能"，[⑥]以此实现人们的自我价值。在哈贝马斯（Habermas）的交往行为理论中，社会行为可以分为四类：目的论行为，又称为非社会性行为，往往以实现目标为导向，表现为行为主体为达到某种目标所采取

① 闫泽茹：《"抖音"趣缘群体使用行为研究——基于使用与满足理论》，武汉大学 2018 年硕士学位论文，第 13 页。

② 胡小纯：《网络动漫迷群的身份认同研究——以"名侦探柯南事务所"中的柯南迷群为例》，安徽大学 2013 年硕士学位论文，第 16 页。

③ 罗自文：《网络趣缘群体的基本特征与传播模式研究——基于 6 个典型网络趣缘群体的实证分析》，载《新闻与传播研究》2013 年第 4 期。

④ 昝玉林：《网络群体研究》，人民出版社 2014 年版。

⑤ ［德］马克思、［德］恩格斯：《马克思恩格斯选集（第二卷）》，人民出版社 1995 年版。

⑥ 同上。

的行为；规范调节行为，以群体共同价值或追求为导向，是行为主体为融入群体所采取的符合目标群体价值取向和道德规范的行为；戏剧行为，以社会评价为导向，是行为主体为塑造个人形象而实施的行为；交往行为，以相互理解为导向，是不同主体通过语言等符号媒介进行沟通交流的行为。[①] 总体来讲，哈贝马斯的社会交往理论就是以语言为媒介，[②]以相互理解为核心，建立交往双方遵循的行为准则体系。[③] 由此可见，社会群体的形成依赖群体成员物质、信息、精神的交换及自我价值的实现，是以交往为基础所形成的社会关系的集合。

2. 社会认同理论

"社会认同是人作为社会存在的一个特征或属性。"[④]约翰·费斯克(John Fiske)认为，认同是"个体将自我身份同另外某些身份相融合的过程"。[⑤] 而相对于群体来讲，社会认同是群体形成并维持其发展的心理和情感基础。群体认同具有不同内容，包括兴趣爱好的近似、观念信仰的相同及群体行为的遵从等。如目前众多的"粉丝群体"的所谓"吸粉现象"，就是"粉丝由个体向群体的聚集，经历了从颜值的吸引到品质的忠诚；从互联网上的小众意识经由电视媒体扩散再到网络的纵深认知"。[⑥] 群体认同的形成包括两个方面的标准：一是建立"我是谁"的内在意识和认知，也就是群体成员对所属社会群体的归属感；二是形成"我们是谁"的社会分类，也就是社会对群体成员类属的认知。例如，目前在城市中出现的"贫困群体"[⑦]和青年中的各种"迷群"[⑧]等。群体认同

① [德]尤尔根·哈贝马斯：《交往行为理论》，曹卫东译，上海人民出版社 2004 年版。

② 昝玉林：《网络群体研究》，人民出版社 2014 年版。

③ 傅永军：《哈贝马斯交往行为合理化理论述评》，载《山东大学学报(哲学社会科学版)》2003 年第 3 期。

④ 何汇江：《城市贫困人口的群体认同与社会融合》，载《中州学刊》2003 年第 3 期。

⑤ [美]约翰·费斯克等编：《关键概念：传播与文化研究辞典(第二版)》，李彬译注，新华出版社 2003 年版。

⑥ 谷楠：《多主体偶像粉丝的群体认同建立——以 TFBOYS 粉丝为例的质性研究》，中国青年政治学院 2017 年硕士学位论文，第 35 页。

⑦ 何汇江：《城市贫困人口的群体认同与社会融合》，载《中州学刊》2003 年第 3 期。

⑧ 郭雷：《迷与迷群：粉丝电影传播过程中的身份认同建构》，河南大学 2018 年硕士学位论文，第 9 页。

可以由三个基本历程组成,即类化(categorization)、认同(identification)和比较(comparison)。类化是指人们将自己归类于某一群体;认同是指认可该群体的理念和规范并认为自己具有该群体成员的普遍特质;比较是指评价所属群体与其他群体的优劣和社会地位等。[①] 群体认同是群体形成的前提和基础,相似的经历、相近的爱好、相同的理念可以将互不相识的人聚集在一起,建立各种不同的社会群体,这既是人的社会化过程,也是社会对人的归化,且有助于社会道德、社会规范及社会风俗的传播。

3. 群体动力理论

群体动力理论(group dynamics)由心理学家库尔特·勒温(Kurt Lewin)提出,并表示为函数式 B = f(P,E),其中 B 指人的行为,P 为自身需要,E 为外在环境,f 代表人与环境的函数,意为人的行为是其个性特征和外在环境相互影响和作用的结果。[②] 群体动力既是推动群体前行的"动力"和"能源",也引导着群体活动的方向,其主要构成要素包括群体凝聚力、群体驱动力、群体耗散力、群体压力、群体规范和群体沟通等。[③] 群体凝聚力是指群体成员之间、成员与群体之间的相互吸引程度,以及群体成员分担群体目标和任务的程度;群体驱动力是指推动和激励群体成员实现群体目标和任务的意志和愿望;群体耗散力是指阻碍和消解群体良性发展的情绪和行为;群体压力是指群体对其成员的作用力和影响力,表现为群体目标任务、行为规范、荣誉感等对成员所形成的心理压力[④];群体规范是指群体成员所接受的并具有约束作用的成员行为标准和准则[⑤];群体沟通是指群体成员进行交流的能力及其过程。[⑥] 由此可见,社会群体绝不是个体成员之间的简单组合,而是相互作用、相

① 王磊:《群体过程:理论解析与实证研究》,科学出版社 2018 年版。

② [美] 斯蒂芬·罗宾斯、蒂莫西·贾奇:《组织行为学》,孙健敏等译,中国人民大学出版社 1997 年版。

③ 陆世将:《群体动力学视角下煤矿班组安全管理方法体系研究》,山东科技大学 2017 年硕士学位论文,第 8 页。

④ 樊建芳、张炜、黄琳:《组织行为学》,浙江大学出版社 2009 年版。

⑤ 宋学峰:《虚拟学习社区中基于项目的非正式学习研究》,东北师范大学 2014 年硕士学位论文,第 17 页。

⑥ 安冬:《群体动力学视角下大学生网络学习共同体的构建与实践》,山东师范大学 2018 年硕士学位论文,第 13 页。

互影响的有机整体;其动力则源自群体动力诸要素的系统集成。

4. 群体行为理论

群体行为是基于群体动力的群体认同的行为表达,也可被称为集群行为或集体行动。学界将群体行为定义为群体成员为获得或改善群体利益和权力所参与的集体行为,包括群众行为(crowd)、大众行为(mass)、公众行为(public)和社会运动(social movement)。群体行为的发生需要四个要素的共同作用,即行为目标、动员网络、行为动机和消除障碍。① 对群体行为的深度研究主要来自社会学和社会心理学领域,其中对本书具有借鉴意义的理论研究主要有群体感染理论、反常行为理论、紧急规范理论及资源动员理论等。古斯塔夫·勒庞(Gustave Le Bon)的群体感染理论将群体行为看作个体之间通过情绪影响、传染和启发所导致的思维和行为的一致,也就是说,群体行为是群体成员之间情绪感染的结果。② 反常行为理论的主要观点是,群体行为的发生源于参加者认为打破社会规范行为的群体性行为会获得群体的赞同且免受处罚,即群体行为是社会情境的结果。③ 拉尔夫·H. 特纳(Ralph H. Turner)和路易斯·M. 基利安(Lewis M. Killian)提出的紧急规范理论认为,群体行为的产生是在情境不确定背景下或紧急场合中,群体成员迫于群体压力所采取的一致性行为,也就是说,模糊环境下群体成员的从众行为。④ 与上述理论不同,资源动员理论从政治社会学和经济学的角度剖析社会群体行为,认为群体行为的成败关键取决于行为群体所拥有和能够运用的资源,既有资金、场所、设施等有形的物质资源,⑤也有意识形态、组织化程度及社会背景环境等无形资源,⑥总的来说,可以

---

① 栾劲松:《社会认同视角下大学生集群行为影响因素的研究》,吉林大学 2014 年硕士学位论文,第 3 页。

② [法]古斯塔夫·勒庞:《乌合之众:大众心理研究》,冯克利译,广西师范大学出版社 2015 年版。

③ 沙莲香主编:《社会心理学》,中国人民大学出版社 2002 年版。

④ Turner, Ralph, H. & Lewis, M. Killian, *Collective Behavior*, Englewood Cliffs: Prentice Hall. 1987.

⑤ 韩志明:《利益表达、资源动员与议程设置——对于"闹大"现象的描述性分析》,载《公共管理学报》2012 年第 2 期。

⑥ 赵鼎新:《社会与政治运动讲义》,社会科学文献出版社 2006 年版。

归纳为三个方面：资源动员、成员动员和框架动员。[①] 资源动员是指群体行为所需物资资源、网络资源、媒体资源、时间资源、精神资源（文化资源）等；[②]成员动员是指对民众或群体成员的动员和利用；[③]框架动员则是将群体的意识形态、群体行为目标、群体价值观与群体成员的利益诉求或群体情绪的结合。[④] 从社会心理视角来看，社会群体行为是不同个体或群体之间情绪感染后的反常行为或从众行为，具有较强的心理和情感基础；而资源动员理论则从经济学视角创新性提出，社会群体行为其实是一种社会动员过程。

二、社会群体研究的知识谱系

知识谱系是关于领域知识内容及其发展脉络的研究，有助于为社会群体研究明确研究方向、填补研究不足和创新研究方法。我们以“社会群体”为主题，在 CNKI 数据库的“期刊”栏目和“博硕士”栏目中进行检索，时间跨度为 2005 年至 2021 年，截至 2021 年 12 月 31 日，共检索出期刊论文（北大核心和 CSSCI）3905 篇和博硕士论文 4560 篇，共计 8465 篇。年度发文数量分布表如下：

表 1　社会群体发文年度分布统计

发文年度	发文数量	发文年度	发文数量	发文年度	发文数量
2021 年	755	2015 年	344	2009 年	320
2020 年	755	2014 年	356	2008 年	312
2019 年	685	2013 年	597	2007 年	266
2018 年	405	2012 年	623	2006 年	278
2017 年	894	2011 年	545	2005 年	198
2016 年	637	2010 年	497		

① 石大建、李向平：《资源动员理论及其研究维度》，载《广西师范大学学报（哲学社会科学版）》2009 年第 6 期。

② ［美］刘易斯·科塞等：《社会学导论》，杨心恒等译，南开大学出版社 1990 年版。

③ 赵鼎新：《社会与政治运动讲义》，社会科学文献出版社 2006 年版。

④ 同上。

上表显示,自2005年以来,社会群体研究已为学界关注,发文数量呈逐年上升趋势,年均发文数为498篇,其中有8个年份发文量高于平均数,最高年份为2017年,达到894篇。

对文献数据的处理分为两个方面:一是利用中国知网的高级检索和文献处理功能,分别以XML语言和EXCEL格式导出文献作者、研究机构、摘要和关键词四方面信息,建立论文基础信息表;二是运用BICOMB文献统计软件和UCINET社会网络软件分析"社会群体"研究的知识构成、关注群体、热点内容及研究方法,以为相似研究提供参考和借鉴。①

(一)学科知识分布

中图分类号是作者对论文内容学科属性的界定,可助于发现研究主题及其分布情况。② 本次研究提取了8465篇社会群体研究论文的中图分类号,根据其出现频次观察不同学科对社会群体研究的支持程度。

如图1所示,社会群体研究共涉及政治、法律等20个学科的知识内容,意味着获得了广泛的学界关注和知识支持。其中,有三个学科的出现频次与其他学科相比具有显著性差异,依序分别为政治、法律学科,文化、科学、教育、体育学科及社会科学总论学科。

政治、法律学科板块主要侧重于社会群体的政治属性和法律规制研究。在政治学科板块中,社会群体研究重点包括四个方面的知识构成:一是对工人、农民、青年、妇女等组织群体的发展状况,譬如目前出现的农民工群体"城市化"、"半城市化"和"内卷化"现象,以及发展过程中所呈现的特质,如农民工群体的社会态度、③性别意识、④社会公平、⑤社会

---

① 崔雷等:《文献数据库中书目信息共现挖掘系统的开发》,载《现代图书情报技术》2008年第8期。

② 韦忠明:《高被引论文特征分析》,载《情报科学》2013年第2期。

③ 施杨:《社会发展成果如何惠及农民工群体》,载《人民论坛(中旬刊)》2016年第8期。

④ 周庆智:《农民工阶层的政治权利与中国政治发展》,载《华中师范大学学报(人文社会科学版)》2016年第1期。

⑤ 龙书芹、风笑天:《社会结构、参照群体与新生代农民工的不公平感》,载《青年研究》2015年第1期。

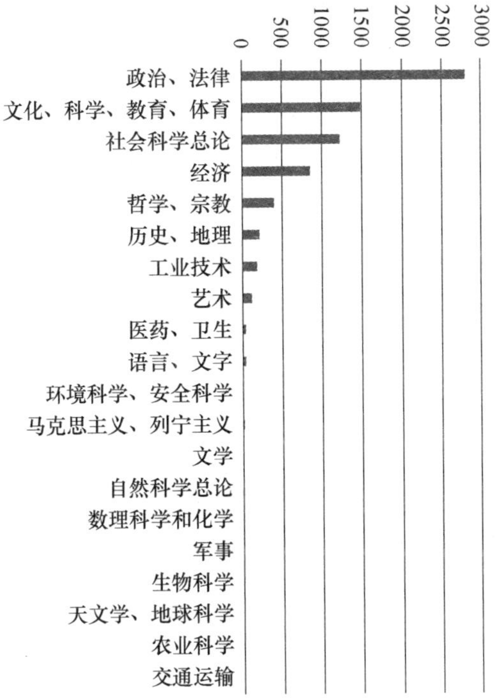

图1　社会群体研究知识分布示意图

融合、媒介形象等。① 二是面向社会公共秩序的研究，主要体现为社会转型期背景下的群体性事件研究，如群体性事件的特点、②成因③及其治理和预防路径等。④ 三是针对社会群体的政府管理研究，侧重于社会政策制定、应急处置、社会群体保护、社会福利与保障、⑤治安管理及预警和监控机制等。⑥ 四是社会群体，尤其是某些特殊群体的社会作用、社

① 乔同舟、李红涛：《农民工社会处境的再现：一个弱势群体的媒体投影》，载《新闻大学》2005 年第 4 期。

② 关颖：《社会转型期群体性事件的成因及特点》，载《人民论坛（中旬刊）》2011 年第 9 期。

③ 张荆：《社会变迁中的我国群体性事件状况与国家治理研究》，载《中国人民公安大学学报（社会科学版）》2014 年第 4 期。

④ 罗兴佐：《有动员无组织：熟人社会中的集体行动——对一起农村群体事件的分析》，载《江苏行政学院学报》2013 年第 5 期。

⑤ 王佳佳：《转型期地方政府危机管理对策研究——基于浙江东阳环境群体性事件的分析》，西南财经大学 2011 年硕士学位论文，第 9—11 页。

⑥ 袁明旭：《国家治理现代化进程中的政治吸纳功能与机制研究》，载《云南行政学院学报》2015 年第 3 期。

会影响及所产生的社会问题研究，如思想政治教育、家庭和婚姻、[①]职业变迁及亚文化等。[②] 法律学科板块主要从行政法、民法、刑法及诉讼法角度研究社会群体所涉法律行为等方面研究，[③]如弱势群体的权利保护、社会群体的法治功能、群体行为的法治治理等。[④]

文化、科学、教育、体育学科所涉社会群体研究集中于三个方面：一是基于传播理论对社会群体的信息传播现象、[⑤]话语权和媒介形象等研究；[⑥]二是不同层级教育机构中的社会群体现象研究[⑦]及针对不同社会群体的教育研究；[⑧]三是对体育活动中的群体现象研究，如运动员群体分层、[⑨]社会体育群体凝聚力、[⑩]不同社会群体的体育运动权利及其状况等。[⑪]

作为一种社会现象，社会科学领域对于社会群体的研究主要集中于四个方面：一是对社会群体的社会结构、社会关系、社会心理、社会约制及社会行为的研究，[⑫]如社会心理的群际焦虑、社会心态、刻板印象、群

① 刘红升、靳小怡：《农村流动儿童的身份认同及其影响因素研究——基于深圳市流动儿童调查数据的分析》，载《华中农业大学学报（社会科学版）》2018 年第 6 期。

② 吕红，金喜在：《中国弱势群体就业政策的保障性与灵活性分析》，载《社会科学战线》2015 年第 12 期。

③ 石红梅：《中国弱势群体的社会保障权及其立法保护》，载《江海学刊》2014 年第 5 期。

④ 田文胜：《大数据时代网络群体行为的法治化治理探究》，东南大学 2016 年硕士学位论文，第 13 页。

⑤ 滕朋：《建构与赋权：城市主流媒体中的农民工镜像》，载《西安交通大学学报（社会科学版）》2015 年第 1 期。

⑥ 李林、孙军华：《基于社会网络冲突信息传播的群体特征》，载《系统工程理论与实践》2014 年第 1 期。

⑦ 韩丽丽：《大学毕业生聚居群体城市融入问题分析》，载《首都师范大学学报（社会科学版）》2011 年第 5 期。

⑧ 江立华、何毅：《群体转换与校漂族的社会认同》，载《当代青年》2018 年第 5 期。

⑨ 谭延敏、张铁明、金宁、陆盛华：《非正式结构体育社团成员社会资本与群体凝聚力关系的实证研究》，载《北京体育大学学报》2019 年第 5 期。

⑩ 莫祥德：《运动员分层与教育——评〈运动员群体社会分层论域下的文化教育研究〉》，载《教育理论与实践》2014 年第 17 期。

⑪ 方新普：《社会阶层分化与体育利益群体倾向的研究》，载《沈阳体育学院学报》2012 年第 6 期。

⑫ 李华胤：《社会公平感、愤怒情绪与群体性事件的关系探讨》，载《广西师范大学学报（哲学社会科学版）》2016 年第 8 期。

体情绪等；[1]社会行为或群体行为方面的发生机制；[2]运行逻辑及统计计算等。[3] 二是社会群体与社会生活及目前存在的社会问题的关系和相互作用与影响等，[4]如生活和消费、社会福利、社会救济、社会保障等。[5]三是对社会群体的不同社会利益的研究和探讨，[6]主要有群体利益冲突的解决、群体利益诉求表达、群体利益分化及不同利益群体类型等。[7]四是在社会工作、社会管理和社会规划等方面研究社会群体的发展，[8]如社会工作对社会群体管理的介入、干预、支持和救助等。[9]

社会群体研究的学科分布数据显示，近十年来社会群体的知识生产呈现出如下态势和趋势：一是研究内容的系统性，涉及社会群体的结构演化、行为机理、社会管理等，已形成较为完整的知识体系；二是研究视角的多元性，既包括定性研究，也包括定量研究，甚至可以借鉴物理学的某些现象和方法对社会群体及其行为进行剖析，可以使人更为深入地了解社会群体的发展；三是涉及社会领域较为广泛，如军事领域、体育社团、特殊群体等。

（二）重点关注群体

发现学界的重点关注群体有助于掌握目前国内社会群体的主要类型、形态和运行，并创新社会群体的研究领域。本书运用文献统计

---

① 李蕊、付永田：《浅析媒体对社会群体形象的“刻板印象性”塑造问题——基于近年典型案例分析》，载《新闻研究导刊》2016 年第 6 期。

② 郑君君、明思颖、郑小京：《社会系统中个体和群体行为及其计算实验研究的分析范式》，载《技术经济》2016 年第 3 期。

③ 沈惠璋：《用系统科学原理剖析群体行为涌现机理》，载《探索与争鸣》2012 年第 10 期。

④ 梁宏志：《青年群体社会保障制度的中外比较与启示》，载《开放导报》2010 年第 6 期。

⑤ 邹海贵、曾长秋：《罗尔斯差别原则对弱势群体利益的关注——基于社会救助（保障）制度之道德正当性与政治合法性思考》，载《天津大学学报（社会科学版）》2010 年第 5 期。

⑥ 刘卉：《中国社会现阶段利益群体研究》，载河北大学 2005 年硕士学位论文，第 17 页。

⑦ 李刚、彭伟：《论和谐社会视域下利益表达机制的建构与完善》，载《开放导报》2008 年第 4 期。

⑧ 杨云革：《上访群体的社会工作介入及其反思》，华东理工大学 2011 年硕士学位论文，第 5 页。

⑨ 曹烁玮：《福利多元视角下我国孤独症群体的社会政策问题研究》，南京理工大学 2013 年硕士学位论文，第 13 页。

软件提取并建立 8465 篇社会群体研究论文关键词的共现矩阵，通过 UCINET 的“Analysis – Centrality Measure – Closeness”分析路径，进行社会群体研究关键词的网络分析，以发现具有高关注度的社会群体，如图 2 所示。

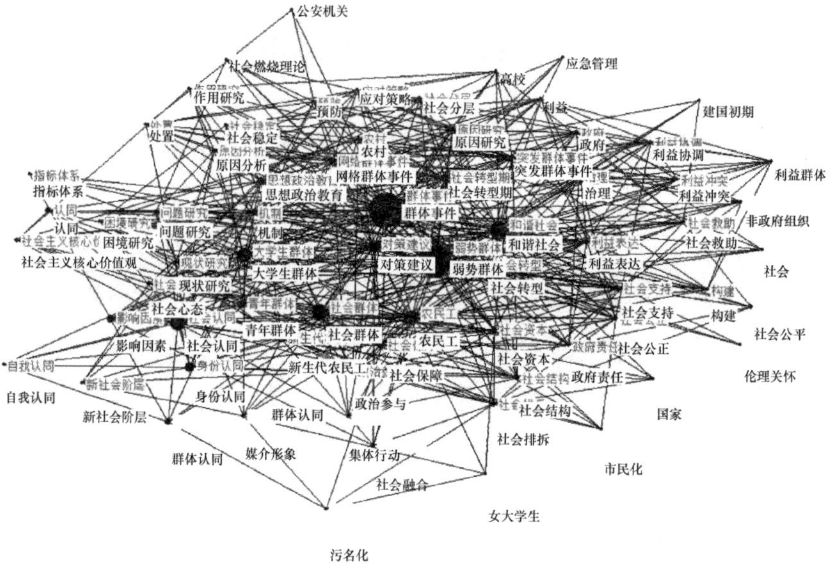

图 2　社会群体研究知识图谱

（分析路径：Analysis – Centrality Measure – Closeness；节点连接阈值≥2）

群体的分类及其命名是社会对不同群体的标签化过程，既具有身份和功能的界定，也是社会情感的流露与表达。根据数据显示，现有研究论文对社会群体的命名缺少统一标准和系统思维，其主要形式有三种：一是以社会评价为标准的群体划分，如以经济收入为依据的群体划分，像低收入群体、中产阶层等；以社会地位为依据的群体分类，包括强势群体、弱势群体等。二是以外在生理或年龄特征为依据的群体分类，如残疾人群体、“80 后”大学生等。三是基于行为特征的群体命名，如农民工群体、北漂群体、大学生群体、网络趣缘群体等。根据对数据的整理，目前研究所关注较高的社会群体或社会组织主要内容可见表 2。

表 2 关注的群体类型及类属群体

群体类型	类属群体
青少年群体	青少年、流动儿童、留守儿童、高中生、中学生、未成年人、儿童、学生群体、初中生、农村留守儿童、农村儿童、残疾儿童、青年知识群体、高校青年教师、农民工子女、聋哑青少年、小镇青年、高学历青年流动人口、空巢青年、小学生、闲散青少年、文艺青年、隐蔽青少年、网络爱国青年群体、特殊儿童、少数民族流动儿童、弱势群体子女、中国青年、青年大学生、青年男同性恋者、青年义工、外来务工人员子女、残疾儿童、“90 后”群体、农民工随迁子女、“北漂”、孤儿、随迁子女等。（42 个子群体）
大学生群体	女大学生、留学生、农村籍大学生、“90 后”大学生、硕士研究生、贫困大学生、大学生非正式群体、中职生、大学毕业生、高校学生、研究生、留日学生、女研究生、北京市大学生、城市籍大学生、研究生支教团、青年大学生等。（23 个子群体）
工人群体	新生代农民工、青年农民工、城市农民工、农民工子女、环卫农民工、北京市农民工、女性农民工、新生代打工体、农民工随迁子女、劳工、产业工人、进城务工人员、工人、富余劳动力、下岗人员等。（19 个子群体）
弱势群体	城市弱势群体、农村弱势群体、城镇弱势群体、大学生弱势群体、就业弱势群体、环境弱势群体、信息弱势群体、老年弱势群体、体育弱势群体、弱势贫困群体、转型期弱势群体、弱势群体子女等。（15 个子群体）
贫困群体	贫困群体、低保群体、城市低保群体、低保边缘群体、中低收入群体、低收入群体、困难群体、城市贫困群体、社会困难群体、贫困人口、流浪乞讨人员等。（15 个子群体）
知识分子群体	知识群体、青年知识群体、高校青年教师、知识分子群体、公共知识分子、专业技术人员、知识型员工、科技文献工作者等。（12 个子群体）
网络及趣缘群体	网络趣缘群体、粉丝群体、网民群体、虚拟社群、网络爱国青年群体、在线群体、在线旅游社群、球迷、球迷群体等。（11 个子群体）
女性群体	白领女性、高学历女性、女研究生、女性农民工、农村老年妇女、女性流动人口、外来务工人员子女、农民工子女、农民工随迁子女、弱势群体子女、随迁子女。（11 个子群体）

（续表）

群体类型	类属群体
教师群体	乡村教师、高校教师、高校辅导员、小学初任教师、幼儿教师、中学教师等。（8个子群体）
老龄群体	空巢老人、老年弱势群体、老年男性、农村老年妇女、城市老年人、城市退休老年群体、社区老年群体、随迁老人。（8个子群体）

表中是根据数据统计排序，归纳出的获得重点关注的社会群体。很明显，学界对于社会群体的研究体现出强烈的情感倾向和功能导向：一是须提供社会帮助和支持的群体，如青少年群体、农民工群体和老龄群体等；二是需要社会加以救助的群体，如弱势群体和贫困群体等；三是具有较大社会影响和社会作用的群体，如大学生群体、知识分子群体、网络及趣缘群体和教师群体等。同时，对社会群体的关注也呈现出不同的价值追求，一是对弱势群体、贫困群体等的研究体现出学界以社会秩序和社会公平为内涵的社会情怀；①二是对知识分子群体、教师群体，以及大学生群体的研究更多表现出社会责任意识；②三是对虚拟社会群体、趣缘群体的研究则是对法律和规范的诉求。③ 在现实生活中，不同的社会群体以其内在逻辑和理由，以各种不同的方式存在和运行着，但往往也因为不同的原因被忽略或忽视，尤其是某些"小众化"社会群体，尚需要学界对其加强研究，如商界（企业家）群体、失独家庭群体、④同性恋群体、⑤官员群体、⑥腐败群体及宗教群体等。⑦

---

① 章雪：《农民工弱势群体社会资本的缺失与重构》，载《理论导刊》2017年第12期。

② 卞桂平：《知识分子群体社会主导价值认同的问题发展轨迹》，载《理论与改革》2017年第3期。

③ 徐明宏：《城市休闲的社会整合与管理创新研究——以杭州趣缘群体为例》，载《浙江社会科学》2015年第12期。

④ 张琴、傅静、周霜：《我国失独群体现状及应对策略研究》，载《护理研究》2018年第8期。

⑤ 刘艳：《同性恋群体的社会压力及应对方式研究》，内蒙古大学2019年硕士学位论文，第13—20页。

⑥ 何云峰：《政府官员作为示范性群体对社会风气的引领作用》，载《探索与争鸣》2013年第12期。

⑦ 张晓华、李洪新：《宗教群体性事件的演化过程与系统治理——以北京守望教会事件为对象的研究》，载《系统科学学报》2014年第4期。

（三）核心研究内容

根据对关键词的语义关联分析，可以发现目前学界的社会群体研究主要聚焦于四个方面：一是对社会群体现象的研究；二是对社会群体的理论探讨；三是对社会群体行为的探析；四是对社会群体社会环境的分析，都具有清晰的研究目标和研究的针对性。

1. 社会群体现象研究

作为一种社会现象，乃至社会问题，社会群体研究主要体现在四个方面。第一，以解决问题为导向的社会群体问题及其对策或策略研究，主要集中在四个层面：政府部门的政策制定和制度设计、基于类型化问题的对策或策略提供、针对具体问题解决路径探讨，以及对可能发生问题的预警预判分析等。（详见表3）

表3　问题解决研究内容

问题解决研究	对策建议、应对策略、治理、路径研究、应急管理、引导策略、治理对策、化解机制、路径选择、预防机制、预警机制、利益协调机制、调节机制、防治、防范、干预、出路、实现路径、政府应对、处置对策、治理机制、预防对策、应对措施、预警、防治机制、解决机制、解决对策、法律对策、长效机制、途径、应对机制、政策建议、政策制定、纠纷解决机制、救济途径、话语策略、化解矛盾、调解机制、调处机制、防范机制、决策、问题与对策、社会矛盾化解、稳定策略、政府干预、应对能力、影响机制、政策干预、实践路径、实现途径、演化稳定策略、社会矛盾纠纷解决机制、制度安排、制度保障、治理策略、治理模式、制度倾斜、制度因素、制度完善、提升途径、素质提升、以老助老模式、推进策略、引导对策、应对路径、应对方式、网络舆情治理、路径依赖、化解对策、立法完善、干预策略、解决路径、建设路径、防控措施、防治策略、方法与途径、经验借鉴、经验启示、纠纷解决、预防策略、预测、预警体系、预警系统、预防与应对机制。

第二，对群体性事件的关注，包括事件类型的分析，根据群体性事件的诱发原因，可分为泄愤型群体事件、环境群体事件、劳资群体事件等；根据群体性事件参与主体，可分为高校群体性事件、民族群体性事件、医患冲突等；而根据事件发生模式，包括突发群体性事件和大规模群体性事件等。（详见表4）

表 4　群体性事件类型

群体性事件	群体事件、网络群体事件、突发群体事件、环境群体事件、农村群体性事件、突发事件、劳资群体事件、网络公共事件、群体性纠纷、突发公共事件、发生机理、发生机制、城市群体性事件、环境弱势群体、民族群体性事件、集体抗争、高校群体事件、生成机理、群体纠纷、群体性事件治理、企业突发事件、群体性公共事件、社会冲突事件、医患冲突、网络动员、涌现机理、泄愤型群体性事件、环境突发性群体事件、地方性群体事件、邻避群体性事件、个人极端暴力事件、矛盾纠纷、冲突治理、农村环境群体性事件、大规模群体行为、冲突理论等。

第三,对社会群体运行与管理的研究显示,学界的关注的重点在于社会群体运行的制度设计、机制设置、社会效能评估及社会组织与政府互动等。(详见表 5)

表 5　群体运行与管理内容

群体运行与管理	机制、制度、演化机理、制度变迁、机理、形成机制、演化、制度建设、制度创新、机制构建、制度构建、制度建构、组织激励、社会结构紧张、社会适应、社会控制、和谐、社会监督、社会契约基础、群体稳定、制度结构弹性、社会保障机制、政府管理机制、公共服务均等化、作用分析、中介作用、中介、群体有效性、效标、效能动因分析。

第四,随着互联网技术的普及应用,网络社会思潮或意识形态研究也已进入学界视野,主要聚焦于网络社会思潮、群体意识形态、爱国主义、民族意识等方面。

2. 社会群体形成的理论解析

列宁曾经说过,“离开革命实践的理论是空洞的理论,而不以革命理论为指南的实践是盲目的实践”。科学理论是对社会实践的归纳、提炼和升华。科学理论对实践具有先导作用、预见作用、检验作用和指导作用。[①] 社会群体理论研究是在对社会群体规律及其内在特征深化认知基础上的知识发现,其重点在于四个方面,即社会群体形成的外在表现、社会群体的形成机理、社会群体行为特征和社会群体的社会环境。

社会群体理论研究认为,社会群体的形成是一种社会分层现象,是

① 韩振峰:《科学理论的价值在于指导实践》,载《人民论坛》2019 年第 S1 期。

由社会疏离、社会排斥等所导致的群体场域化、阶层固化、利益多元化，以及社会等级划分等，主要包括如下内容。（详见表6）

表6 社会分层及其机制

社会分层	社会阶层分化、社会等级、社会场域、场域理论、社会疏离、自我归类理论、群体分化、场域、惯习、自组织、社会阶层化、群体性特征、三元社会结构、群体特性、重新部落化、融入、社会隔离、社会封闭、社会分层结构、社会分层与流动、自我分类理论、衔接体系、利益群体分化、利益群体多元化、阶层意识、农民群体分化。

社会群体的理论研究认为，利益近似和兴趣趋同只是社会群体形成和存在的外在表现，价值认同及心理接受才是社会群体形成的本质特征和基本机制。社会群体的形成是一个心理过程，群体意识、群体情绪，以及心理感受的相通和相近是群体成员能够聚合的情感基础，如群体愤怒、群际焦虑、群际偏见、群体内疚、幸福感等相同或相近的情感认知激发了不同成员之间的认同。因此，社会认同是基于情感认知的群体成员的同一性认定，是增加社会群体成员之间联系强度和凝聚力，以及维持社会群体存在和运行的保证，如职业认同、宗教认同、身份认同、族群认同、文化认同、角色定位等。也可以说，群体心理和社会认同理论为解释群体形成提供了分析工具，同时也为分析群体行为奠定了基础。（详见表7）

表7 社会群体形成的心理机制和认同机制

社会心理	社会排斥、群体心理、群体情绪、心理健康、社会心理学、政治心理、主观幸福感、群体意识、内隐偏见、内群体偏爱、刻板印象、刻板印象内容模型、群体偏好、内群体偏好、偏见、集体自尊、从众心理、群体情感、群体共情、外群体歧视、群体感知、外显偏见、社会情绪、社会情化、怨恨、社会焦虑、态度、态度改变、社会偏见、内隐刻板印象、偏好关系、集体意识、反刻板印象、群体态度、幸福感、群体愤怒、群际焦虑、积极社会心态、民族刻板印象、元刻板印象、外群体偏好、相对剥夺、情绪、注意偏向、自我刻板化、社会价值观、社会心态、政治心态、政治信仰、社会群体认识、群体相对剥夺感、群体心态、群体内疚、群体情绪的激化、群体意志、群体智慧、认知心理、认知图式、认知教育、认知动机、社会福利态度、情感表达、职业刻板印象、情感能量、纵向相对剥夺感、情绪效应、情绪感染、情绪感受性、情绪耗竭、情感元素、职业偏见、自我感知、群际情绪、群际偏见、群际归因偏好、外显自尊、

（续表）

	外群体偏爱、意识层次、心理距离、心理边缘、心理表征、心理弹性、心理和谐、心理失衡、心理压力、性别刻板印象、幸福观、网络情绪表达、网络群体心理、信息剥夺心理、心态失衡、社会性别意识、社会意识、社会泄愤、领悟外群体态度、反向社会情绪、横向相对剥夺感、愤怒情绪感染、内群体偏向、内隐自尊、内隐集体自尊等。
社会认同	身份认同、群体认同、自我认同、民族认同、族群认同、文化认同、社会融入、社会整合、身份、身份建构、社会身份、社会认同理论、社会角色、公民身份、自我建构、职业认同、政治认同、专业认同、社会建构、价值认同、同化、社区认同、认同理论、认同心理、地方认同、群体身份、社会认同威胁、身份焦虑、地域认同、组织认同、中华民族认同、自我概念、角色转换、主观社会地位、认同融合、社会性别、自我、自我同一性、外群体、社会身份认同、社会身份认知、社会认同需要、社会认同论、社会认同感、社会身份理论、社会身份复杂性、社会建构论、社会建构理论、认同度、认同建构、认同主体、认同政治、族群身份、宗教认同、情感认同、职业身份认同、自我分类理论、自我身份认同、性别角色错位、文化身份认同、信任度、信任危机、身份效用、身份凸显、多元认同、共同内群体认同、角色认知、公民身份认同、价值诉求、集群认同、集体认同、内群体认同、内隐社会认知、内隐身份认同、社群认同。

3. 社会群体行为研究

社会群体行为是其存在及开展社会互动的主要表现形式。理论研究显示，集群行为作为一种群体或群际冲突，是基于群体动力、群体意见、群体共识及资源动员的社会行为。同时，社会群体行为也是一种信息的传播，尤其是在现代社会背景下，信息传播的速度及范围，影响乃至决定了社会群体行为发生和演化的速度及其边界。（详见表8）

表8　集群行为及传播理论内容

集群行为	集体行动、网络群体行为、群体互动、群体极化、群际关系、社会互动、社会行为、群体凝聚力、群体规范、越轨行为、行为失范、从众、从众行为、计划行为理论、资源动员、社会冲突、无直接利益冲突、文化冲突、社会运动、集体行为、非直接利益冲突、社会冲突理论、社会动员、社会燃烧理论、社会失范、群体动力、群际交往、群体交往、舆论动员、凝聚力、抗逆力、资源分配、有序政治参与、网络政治参与、社会交往、社会参与、参与、公众参与、社会规范、公民参与、传播行为、社会逻辑、政治活动、社会交换论、群体

（续表）

	意见、群体觅食、群体适应、人际交往能力、人际交往障碍、人际信任、人际冷漠、直接接触、群际接触理论、群体关注、群体共识、群体聚合、群际冲突、群际帮助、羊群行为、网络暴力、网络参政、演化行为、演化规律、隐蔽行为、想象性接触、网络行为、行为特征、行为选择、行为模型、行为模式、网络欺负、性行为群体规范、行为分布、行为分析、行为经济学、行动研究、间接接触、激烈集群行为、集群行为意向。
传播理论	新闻话语、新闻传播、新闻传媒、媒介话语权、传播媒介、媒介环境、传播要素、传播体系、传播动机、媒介镜像、传播分化、传播价值、媒介角色、媒介建构、媒介责任、媒体形象。

4. 社会群体支持系统

社会群体既然是一种社会现象，必然具有相应的社会环境及相应的社会功能。社会群体的理论研究主要关注于五个方面。一是社会群体的社会空间，包括政治制度、社会对社会群体的接受程度等；二是社会文化，社会群体现象的文化解析，社会群体存在的社会文化氛围及社会群体的文化建设等；三是对社会群体所涉道德和伦理问题及思想政治教育问题研究；四是社会群体对维护弱势群体的作用及对社会公平和社会平等价值理念的追求；五是社会群体发展中的社会支持，如人力资本、文化资本、社会资源及政策支持等。总之，社会群体是在一定社会环境下，与政府、民众、媒介等互动中出现的，能够发挥积极社会作用的社会现象。（详见表9）

表9 社会空间及社会价值内容

社会空间	社会排挤、空间正义、政治整合、政治制度、社会空间分异、社会空间理论、社会接受、社会互构论、社会差异。
社会文化	文化认同、亚文化、文化冲突、多元文化、多元文化主义、文化自觉、文化价值观、文化空间、文化融合、文化生产、文化传播、青年文化、政治文化、民族文化、跨文化适应、跨文化交际、犯罪亚文化、风险文化、群体文化学、文化差异、文化资本、文化模式、青年网络亚文化、群体亚文化、群体文化、宗教文化、文化权利、文化排斥、文化身份认同、文化因素、文化要素、文化心理、文化进化、文化制度、文化政策、文化资源、文化解读、文化分层、文化创意产业、文化价值、文化产业。

（续表）

伦理道德	群体道德、职业伦理、社会道德、伦理关怀、伦理、儒家道德思想、群体意识教育、思想道德、行政伦理、网络思想政治教育、性行为群体规范、大学生思想政治教育、道德原则、道德义务、道德演化、道德选择、道德人格、环境伦理、道德起源、道德评判、道德内化、伦理关系、政治道德。
社会公平	社会公正、社会公平、公平、正义、社会正义、平等、公正、社会公平感、社会平等、空间正义、正义原则、政治权利、社会弱势群体权利、政治利益、弱势群体权利、群体利益、群体权利、权利平等、社会公正感、制度公正、社会不公、公平理论、公平认知、公平度。
社会支持	社会资本、社会支持网络、社会支持系统、人力资本、文化资本、社会支持体系、社会救济、支持体系、社会救助政策、同辈支持、教育支持、精神慰藉、非正式支持。

上述研究可以看出，目前的社会群体研究尚存在两个问题：一是绝大多数研究都是借鉴国外理论解释国内社会群体现象，缺少本土化和原创性；二是针对个别问题研究较多，缺少系统性和整体性研究。

（四）主要研究方法

理论研究需要以科学的研究方法为支撑。综观社会群体的研究，根据使用频率，其研究方法和技术主要包括如下五种类型。

第一，社会群体研究的主体技术和方法是近年来较为推崇的实证研究和质性研究。其研究资料收集或获取的路径主要是问卷调查、田野调查、[①]深度访谈、结构化或半结构化访谈、[②]民族志、案例和记忆描述等；[③]而分析方法多运用 Nvivo、MAXQDA 等质性分析软件及 Python 等分析程序，在编码分析基础上，提出理论模型建构。[④]

---

① 闫丽莉、陈俊：《对不同社会群体传统文化认同的调查研究——基于 18 个省 38 个市的问卷调查》，载《华中科技大学学报（社会科学版）》2018 年第 3 期。

② 刘艳：《同性恋群体的社会压力及应对方式研究》，内蒙古大学 2019 年硕士学位论文，第 13—20 页。

③ 毕晨帆：《趣缘群体的群体认同研究——以济源市“YZ”垂钓群体为例》，河南大学 2019 年硕士学位论文，第 3—7 页。

④ 曾雪兰：《乡村赤脚医生群体研究（1965～1985）——以北京市郊区为中心》，中共中央党校 2018 年博士学位论文，第 23—27 页。

第二,社会群体研究使用最多的方法是 SPASS 的回归分析、[①]社会群体行为算法、[②]社会群体行为模型建构、[③]聚类分析等量化研究技术,如结构方程模型、社会群体搜索算法、社会群体优化算法和社会力模型统计分析等。基于数据的量化研究增强了社会群体类型划分、行为感知,以及行为预测的准确性和针对性,也体现了社会群体研究的学科综合趋势。[④]

第三,运用指标体系或指数设计进行的社会群体测量或评估研究,譬如社会影响的评价、基尼系数指标、心理学测量、属性评价、影响因子分析等。社会群体研究的指标设定分为三类,一是基于已有研究或定制化的指标系数,如基尼系数等,依此进行社会群体及其行为的评价;[⑤]二是基于常量的指数设定,可助于对异常或特殊群体及其现象的发现和研究;[⑥]三是社会群体行为的指标设定也有助于对行为的评估和预测。[⑦]

第四,借助社会网络分析技术研究社会群体内在结构、成员关系、群际关系、群体动力等。[⑧] 在研究文献中常用的社会网络分析软件主要有 UCINET、[⑨]Pajek[⑩] 等。如社会网络对群体性事件的影响、社会网络对群

---

① 张魏斌、曾锋、伍泽全、谭紫逸:《移动群体感知中基于社会关系的路由算法》,载《计算机应用研究》2016 年第 10 期。

② 冯翔、马美怡、施尹、虞慧群:《基于社会群体搜索算法的机器人路径规划》,载《计算机研究与发展》2013 年第 12 期。

③ 郑阳阳:《社会网络中基于代理的群体极化模型研究与实验分析》,南京邮电大学 2018 年硕士学位论文,第 9—11 页。

④ 闫泽茹:《"抖音"趣缘群体使用行为研究——基于使用与满足理论》,武汉大学 2018 年硕士学位论文,第 13—17 页。

⑤ 雷婷:《社会群体性事件阶段复杂性差异化的分析方法研究》,载《北方民族大学学报(哲学社会科学版)》2019 年第 1 期。

⑥ 刘茜:《基于网络信访大数据的群体事件预警研究》,云南师范大学 2019 年硕士学位论文,第 5—9 页。

⑦ 王琳琳:《社会网络视角下的重庆市开州区丰乐移民社区评价与优化研究》,重庆大学 2018 年硕士学位论文,第 11—15 页。

⑧ 秦敏、陈冰、夏笑宇:《社会网络分析视角下的我国群体性事件研究》,载《山东工商学院学报》2019 年第 5 期。

⑨ 郭小弦、王建:《社会支持还是参照群体? ——社会网络对主观幸福感影响机制的考察》,载《社会科学战线》2019 年第 1 期。

⑩ 刘嘉琪、齐佳音、陈曼仪:《基于社会网络分析的意见领袖与在线群体影响力关系研究》,载《情报科学》2018 年第 11 期。

体成员情感的作用,以及强弱关系对群体发展的影响等。①

第五,对社会群体的媒体传播进行文本内容分析,主要表现为社会群体的形象建构,如农民工形象、知识女性群体形象②和失独家庭形象③等;文本的情感测量,④如群体性事件传播的情感观察等;⑤群体的价值观和意识形态传播,⑥如知识分子群体的思想意识特征等。⑦ 借鉴新闻传播学的内容分析方法,可系统、客观地观察和分析社会群体的社会影像及其群体价值追求与意识形态等。

应该引起关注的是跨学科的分析方法与技术在社会群体研究中得到广泛应用,例如,文学研究的叙事分析方法、知识学的研究方法及可视化呈现技术等。总之,目前的社会群体研究呈现出定量分析与定性分析相结合,指标分析、现象解析、内容分析相结合,定制软件与自拟程序相结合的研究趋势。

三、社会群体研究的创新视阈

进入二十一世纪以来,人类社会和信息技术的快速发展为社会群体研究提供了新的视角、对象、技术和方法。一是社会群体的井喷式发展及其对社会发展和稳定的影响凸显了社会群体研究的对象和目标;二是移动互联网技术的普及和应用为社会群体的科学和精准研究提供了海量的数据和信息;三是软件技术的普及为社会群体的量化研究提供了快

① 屈超:《社会网络中强关系团队和弱关系团队形成方法研究》,西北大学 2016 年硕士学位论文,第 13 页。

② 曹珊:《高知女性群体的媒介形象与社会性别秩序建构研究》,载《传媒观察》2019 年第 7 期。

③ 魏宝涛、战泓玮:《失独家庭的媒介话语与形象建构分析——基于知网(CNKI)报纸全文数据库的内容研究》,载《重庆邮电大学学报(社会科学版)》2019 年第 4 期。

④ 吕翔、刘陆民:《群体性事件网络舆情情感分析的情感词典构建》,载《信阳农林学院学报》2019 年第 2 期。

⑤ 文宏:《网络群体性事件中舆情导向与政府回应的逻辑互动——基于“雪乡”事件大数据的情感分析》,载《政治学研究》2019 年第 1 期。

⑥ 王熙、王怀秀、邵颖:《弱势群体价值观教育在媒介中的声音与形象——基于对〈中国德育〉期刊的文献计量分析与内容分析》,载《少年儿童研究》2019 年第 1 期。

⑦ 梁君思:《知识分子概念的群体指涉思想资源与理论层次——以马克思恩格斯列宁文本为中心的考察》,载《湖北省社会主义学院学报》2018 年第 6 期。

捷且科学的研究工具。这一切都为社会群体研究方法的创新奠定了基础。

（一）研究范式：发现——评估——解析——应对

"任何一类研究都需要综合运用思维工具、技术工具和符号工具，都要有一套从发现问题到检验结论正确性所必需的顺序和规范……这些工具、程序、规范的特定结构性组合，即为'研究范式'。"[①]在大数据时代和社会转型期，社会群体研究需要创新与开拓。社会群体研究的根本目标是促进社会群体的健康有序发展，最大程度发挥社会群体对社会稳定与和谐发展的作用。因此，社会群体研究在开展理论探讨的同时，也应加强应用实践，形成以社会安全为导向的"发现——评估——解析——应对"的研究范式。

社会群体发现是对不同形态社会组织的挖掘和认定。根据社会群体的存在形态，既有获得政府管理部门注册的社会组织，如慈善机构、社会团体等，也有诸如老乡会、校友会等隐形社会群体；尤其是近年来虚拟社会群体和网络社区的出现，为社会群体发展提供了新范式。社会群体发现由两个层面内容构成，一是社会群体认定的关键特征及指标要求，主要为结构特征、属性特征和动力学特征；[②]二是基于群体特征的社会群体发现技术，主要体现为社团或群体的发现算法和挖掘模型，[③]如常用的网络结构优化发现方法、属性优先发现方法和多源信息优化发现方法。[④]

社会群体评估是根据社会群体的基本特征，建立针对性的评估指标，对社会群体的运行状况、社会效益、社会信用、安全风险及社会影响进行的评价活动。社会群体评估所采用的技术和方法主要有"3E"评估

---

① 叶澜：《教育研究方法论初探》，上海教育出版社1999年版。

② 潘理、李建华、刘业政、齐佳音、姜元春等：《社交网络群体行为分析》，科学出版社2018年版。

③ 刘分：《移动通信网中特定群体发现及行为分析研究》，解放军信息工程大学2013年硕士学位论文，第19页。

④ 潘理、吴鹏、黄丹华：《在线社交网络群体发现研究进展》，载《电子与信息学报》2017年第9期。

技术和"3D"评估技术。"3E"评估技术设定经济性(Economy)、效率性(Efficiency)与效果性(Effectiveness)三个方面社会群体评估指标。"3D"评估技术,是从诊断(Diagnosis)、设计(Design)和发展(Development)方面评估社会群体的运行。① 同时,借助大数据技术,业界开发设计了"360 度评估系统"(360 degree feedback assessment)方法,即通过多源反馈系统(multisource feedback),对社会群体或社会组织进行全要素(full-element appraisal)、全过程(full-step appraisal)和全方位评价(full-circle appraisal)。② 近年来,针对群体性事件的发生,学界加强了社会群体的社会稳定和社会安全风险评估,③从风险识别、风险评估和风险应对等方面,建立了风险感知模型、风险评估模型、矩阵评估方法和应急处理体系等。④

社会群体现象的解析是指借鉴不同学科的理论研究,发现和解释社会群体形成、运行和发展的原因、动力、机制、逻辑和规律。社会群体现象解析的实现路径包括移植和原创。前者是指借鉴其他学科或国外理论解释和分析社会群体,⑤如运用系统动力学对社会组织筹款机制的探讨、场域理论对社会群体形成的分析,以及对群体性事件的分层模型构建等。⑥ 后者是指针对国内情景的社会群体的理论构建,⑦如社会组织公共服务功能的解释结构模型、群体性事件社会燃烧理论、社会网络群体的演化模型等。⑧ 需要强调的是,借鉴和运用国外理论解释和分析国

---

① 杨阳:《探索建立社会组织评估标准指标体系:中国标准化协会会议论文集》,中国标准化出版社 2015 年版。

② 梁肖月:《社区社会组织大数据评估探索与思考——以北京市大栅栏街道社区营造实验为例》,载《社会治理》2019 年第 8 期。

③ 朱德米:《重大决策事项的社会稳定风险评估研究》,科学出版社 2016 年版。

④ 商迎秋:《企业战略风险识别、评估与应对研究》,中国经济出版社 2017 年版。

⑤ 曹玉红、尤建新、王瑞:《基于系统动力学模型的社会组织筹资机制研究》,载《管理工程报》2018 年第 3 期。

⑥ 周方冶:《群体性事件的结构动因、传导机制与化解路径——基于社会分层模型的结构性分析》,载《探索》2014 年第 6 期。

⑦ 孙浩、李筱雅、王玉凤:《社会组织承接公共服务的活力因子研究——基于解释结构模型》,载《湖北工业大学学报》2019 年第 3 期。

⑧ 单飞跃、高景芳:《群体性事件成因的社会物理学解释——社会燃烧理论》,载《上海财经大学学报(哲学社会科学版)》2010 年第 6 期。

内社会群体应注意与中国社会文化、社会习惯及社会场景的适用性，实现国外理论应用的中国化。

社会群体研究中的应对是指社会群体管理活动中所实施的策略、制定的政策以及构建的社会文化氛围等。[①] 社会群体管理的策略是指社会群体运行或管理过程中采取的具体方法和措施等，都具有较强的针对性和可操作性，如针对群体性事件的应对策略、对弱势群体的帮扶策略等。[②] 而根据社会群体的发展动态，政府管理部门会进行社会政策乃至法规的完善和调整，从宏观角度对社会群体的管理进行调控，如政策体系构建、公共政策的制定等。[③] 与上述不同，社会群体的社会文化氛围则通过公众认知、媒介形象，以及社会舆论等构成社会群体的文化空间等。[④]

（二）内容分析：群体交流研究的新方法

内容分析是对信息内容进行客观、系统、定量的科学研究方法。[⑤] 基于软件分析技术的应用，内容分析的数据形式已从文本逐步扩大到视频、图像和语音，成为一种普适性研究方法，被广泛应用于社会学、心理学、教育学、管理学、情报学和法学等领域，以进行案件侦查、舆情管控、知识发现、情报分析、政策评估、文献计量等方面的研究。[⑥]

应用于网络社会群体研究时，内容分析的实施分为四个方面：一是文本数据获取，主要是通过网络爬虫工具抓取论坛或网站的文本数据等，如常用的八爪鱼网页采集器、火车头采集器、GooSeeker 网页采集工具等；同时，也包括深度访谈、政策文本、法律条文等文字资料的收集等。二是内容分析方法，主要包括以词频分析、词语共现、语义网络、语义建

---

① 李其原、胡伟：《网络群体性事件发生机理与应对策略研究——基于社会燃烧理》，载《领导科学》2017 年第 58 期。

② 杜鹏、钟筱红：《“智慧旅游”背景下的信息弱势群体及其帮扶策略》，载《江西社会科学》2015 年第 11 期。

③ 张大志：《社会结构分化与包容性群众体育政策的建构》，载《南京体育学院学报（社会科学版）》2015 年第 1 期。

④ 贾鼎：《基于多源流理论视角的群体性突发事件与公共政策产生机制》，载《河北师范大学学报（哲学社会科学版）》2014 年第 2 期。

⑤ 卜卫：《试论内容分析方法》，载《国际新闻界》1997 年第 4 期。

⑥ 邹菲：《内容分析法的理论与实践研究》，武汉大学 2004 年硕士学位论文，第 7—8 页。

模,以及以知识图谱为主的定量分析和基于扎根理论的质性研究等方法。三是内容分析对象,主要包括针对群体成员的信息交流进行情感分析、热点话题分析、思想观念分析等。四是文本分析工具,常用工具主要有 KH Coder、Nvivo 及分析平台 DiVoMiner 等。

词频统计是文本分析的基本方法和技术,由于其以客观数据为基础,具有较高准确性和可信性,因而被广泛应用到自然科学、社会科学及人文科学等诸多领域。[①] 词频统计以词语作为文本分析的基本单位,主要考察某些关键词语出现的频数,进而发现文本的主题分布。[②] 表 10 是社会群体研究领域出现频次排名前二十的词语,清楚地显示了社会群体领域学界所关注的焦点及其研究的侧重点,一是学界重点研究的社会群体,如弱势群体、大学生群体、农民工、新生代农民工及青年群体等;二是学界所使用的解释工具,如社会认同、身份认同、社会支持、社会资本、社会排斥及和谐社会理论等;三是学界着重关注的事件,如群体性事件和网络群体性事件等。

表 10　社会群体研究词排名

序号	关键字段	词类	出现频次	百分比	累计百分比
1	弱势群体	名词	524	1. 9932	1. 9932
2	群体事件	名词	481	1. 8297	3. 8229
3	和谐社会	名词	221	0. 8407	4. 6635
4	大学生群体	名词	178	0. 6771	5. 3406
5	社会群体	名词	169	0. 6429	5. 9835
6	农民工	名词	164	0. 6238	6. 6073
7	对策建议	名词/动词	150	0. 5706	7. 1779
8	社会认同	名词/动词	138	0. 5249	7. 7028
9	社会转型	名词/动词	114	0. 4336	8. 1365

① 刘奕杉、王玉琳、李明鑫:《词频分析方法的扩散与滥用现象分析》,载《新世纪图书馆》2018 年第 3 期。

② 王丽培:《〈中华人民共和国公共图书馆法〉词频统计与分析》,载《图书馆工作与研究》2018 年第 9 期。

（续表）

序号	关键字段	词类	出现频次	百分比	累计百分比
10	社会转型期	名词	108	0.4108	8.5473
11	思想政治教育	名词/动词	105	0.3994	8.9467
12	身份认同	名词/动词	91	0.3462	9.2929
13	社会保障	名词/动词	86	0.3271	9.6200
14	利益表达	动词	73	0.2777	9.8977
15	网络群体事件	名词	73	0.2777	10.1754
16	青年群体	名词	73	0.2777	10.4530
17	新生代农民工	名词	72	0.2739	10.7269
18	社会支持	名词/动词	72	0.2739	11.0008
19	社会资本	名词	67	0.2549	11.2557
20	社会排斥	名词/动词	67	0.2549	11.5105

（三）行为计量：群体行为研究的新视角

群体行为是一种非常复杂的社会现象。美国社会学家戴维·波普诺（David Popenoe）认为，“群体行为是指那些在相对自发的、无组织和不稳定的情况下因为某种普遍的影响而发生的行为”。[①] 美国社会心理学家斯坦利·米尔格兰姆（Stanley Milgram）则认为，“群体行为是自发产生的，相对来说没有组织的，甚至是不可预测的，它依赖于参与者的相互刺激”。[②] 综上，本研究认为，群体行为是指一定群体在社会制度、文化习惯和价值观念的影响下，对社会环境刺激所作出的能动反应。

行为计量主要是在对群体行为观察、统计和分析的基础上，发现和总结群体的行为特征及其发展趋势。借鉴心理学、管理学、社会学，以及计算机科学的行为科学研究方法和技术，群体行为计量方法主要包括四个方面，即行为观察法、行为访谈法、群体画像及事理图谱分析等。行为观察法和行为事件访谈法是对行为计量数据的收集。行为观察法来自心

① ［美］戴维·波普诺：《社会学（下）》，刘云德、王戈译，辽宁人民出版社1987年版。
② ［美］克特·W. 巴克：《社会心理学》，南开大学社会学系译，南开大学出版社1984年版。

理学研究领域，是研究者在自然条件下，借助感官或仪器对人们的社会生活行为有计划、有目的的系统观察和记录。行为事件访谈法（Behavioral Event Interview，简称 BEI）源于管理学研究领域，包括关键事件法和主题统觉测验两部分，主要观察和记录访谈对象曾经事件的关键情境和感知。群体画像方法来自商业营销中的用户画像（Persona）技术，主要是运用大数据技术获取研究对象的基本信息（性别、职业等）、行为状态信息（分享、收藏等），以及偏好信息（点赞、评论等）得出研究对象特征标识，并用标签反映研究对象特征标识的过程。事理图谱分析起源于计算机科学与技术领域，[①]重点研究行为或事件之间的关系，并将事件或行为之间的关系概括为顺承关系、因果关系、转折关系、条件关系和并发关系等，以此来揭示现实世界的事件间的发展逻辑和演化规律。[②]

我们以“北京义联劳动法援助与研究中心”等 12 家服务农民工组织为研究对象，截取 2019 年至 2020 年末 12 家组织网站或自媒体的文本数据，分析文本词语的意义，提炼“农民工 NGO”的行为类型，建立由“行为——活动——目标”三个层次组成的行为分析量表。

表 11　12 家服务农民工组织的行为分析量表

活动内容 / 组织编码	A. 青少年教育				B. 能力培养				C. 权益维护					D. 文化建设			E. 工作研究		
	流动儿童教育	留守儿童教育	家庭教育	教师培训	就业信息交流	职业技能培训	创业技能培训	组织能力培训	案件信息咨询	维权知识传播	生活救助	侵权案件代理	特殊群体援助	文体活动	文化教育	关爱活动	调查交流	政策建议	资料数据公开
No. 1	3			1		2								3	3	2	1		
No. 2									3	3		3	1	1			3	3	3
No. 3									3	3		3	3			1	2	2	2

---

① 李彭伟、李亚钊：《面向事件画像的事理图谱构建方法》，载《指挥信息系统与技术》2021 年第 5 期。

② 张海涛、李佳玮、刘伟利、刘雅姝：《重大突发事件事理图谱构建研究》，载《情报学报》2021 年第 9 期。

（续表）

活动内容 / 组织编码	A. 青少年教育				B. 能力培养				C. 权益维护					D. 文化建设			E. 工作研究		
	流动儿童教育	留守儿童教育	家庭教育	教师培训	就业信息交流	职业技能培训	创业技能培训	组织能力培训	案件信息咨询	维权知识传播	生活救助	侵权案件代理	特殊群体援助	文体活动	文化教育	关爱活动	调查交流	政策建议	资料数据公开
No. 4	1		1			1								3	1	3	1		
No. 5		3				2	3	1					3		3	1			
No. 6					3	3			3	3	2	3	1		3		1		1
No. 7	3		2	3											3		3	1	
No. 8	1		1	3	1	2	2	2		3		1	2	3	2	1	3	1	
No. 9	1	1				3				1				3	1	1	2		
No. 10		3							3	3		1					3		
No. 11										3			1						
No. 12					3	3		1	3	3	1			1			3		
总计	9	7	4	7	7	15	5	4	15	22	3	8	10	14	16	9	17	7	6
活动参与度	0.33	0.26	0.15	0.26	0.22	0.48	0.16	0.14	0.26	0.38	0.05	0.14	0.17	0.36	0.41	0.23	0.59	0.24	0.17
行为参与度	0.15				0.17				0.32					0.21			0.16		

根据表中“农民工 NGO”的行为参与程度，可以清楚看到其行为倾向，维护农民工合法权益 > 提升农民工文化素养 > 农民工职业能力培养 > “农民工 NGO”创新发展研究 > 农民工子女的教育关爱。①

（四）网络分析：群体聚合研究的新技术

作为一种社会现象，社会网络表现为节点及节点之间关系的集合。其中，节点往往指行动者，如个人、群体，乃至城市或者国家，甚至某些更抽象的事物，譬如词汇或专利。关系则体现为多种形式，包括人际关系，

① 张磊：《农民工 NGO 行为倾向的网络调查研究》，载《调研世界》2016 年第 11 期。

如同学关系和生意伙伴关系等，也包括人与事物的关联等。[①] 社会网络分析发轫于人类学、心理学、社会学、数学及统计学等领域，是综合运用图论、数学模型来研究社会行动者之间关系的社会科学研究方法。目前，社会网络分析已成为一种新的理论范式，其技术和方法已应用于多个领域，如教育学、管理学、医学等。[②]

社会网络分析兼具理论视角和研究方法。在理论层面，社会网络分析提供了解析社会现象的工具，如结构洞、弱关系、嵌入性及社会资源等理论研究。在内容层面，社会网络分析主要包括网络规模、网络强度、网络密度等。在操作层面，社会网络分析提出了中心性、凝聚子群、“核心——边缘”结构及结构对等性等分析技术。[③] 借助于计算机技术的普及应用，社会网络分析业已软件化，如 UCINET、Pajek 及 Netminer 等。[④]

运用社会网络分析软件 UCINET，作者对《消防科学与技术》中 297 篇“高被引论文”作者的互动关系进行了分析。分析显示，论文作者群体 643 个节点（Nodes）共建立 1810 个联系（Ties），平均联系≈2. 81（次），即人均合作频次为 2. 81。启动主成分分析（Main Component），可以发现由多个子群构成的作者网络，其节点为 53（个），建立联系 268（个），平均联系≈5. 06（个），合作强度远高于整体网络，成为具有密切合作关系的研究群体。

图 3 显示，在整个作者合作网络中，活跃度较高的有 10 人（即具有高度中心性和桥接性，图中加粗显示），4 人来自中国科学技术大学火灾科学国家重点实验室：张和平、霍然、朱杰与胡隆华；4 人来自中国人民武装警察部队学院：李思成、吴立志、董希琳与郭其云；2 人来自安徽省消防总队：吴振坤和翁韬。可以看出，消防实战部门及公安高等院校的论文作者具有较高的链接性，成为推进消防科学与技术科学家群体发展的潜在力量。[⑤]

---

① 郑路：《大数据为社会网络分析带来“黄金时代”》，载《实证社会科学》2017 年第 2 期。

② 张应语、封燕：《社会网络分析回顾与研究进展》，载《科学决策》2019 年第 12 期。

③ 张存刚、李明、陆德梅：《社会网络分析：一种重要的社会学研究方法》，载《甘肃社会科学》2004 年第 2 期。

④ 刘军：《整体网分析：UCINET 软件应用指南（第二版）》，格致出版社 2014 年版。

⑤ 张磊、张小霞：《〈消防科学与技术〉高被引论文特征分析》，载《消防科学与技术》2017 年第 12 期。

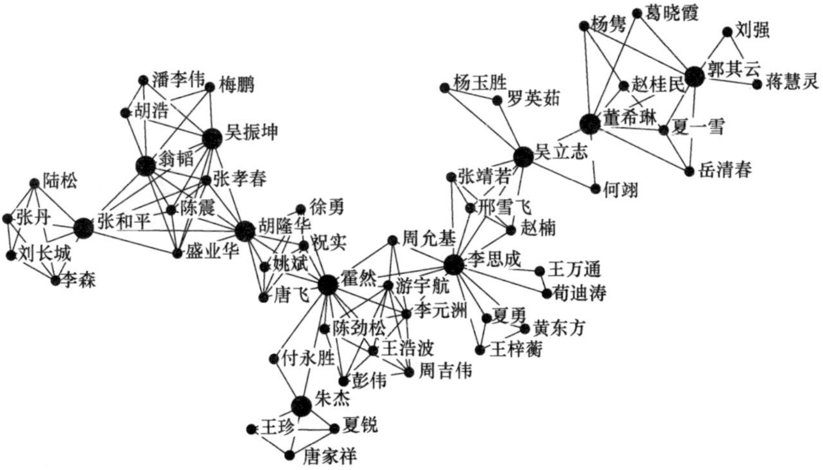

图3 高被引论文作者的社会网络分析

四、小结

进入二十一世纪以来，互联网和移动通讯技术的快速发展和普及应用赋予社会群体以新的发展模式和路径，推动着人们走进社群化时代，革新和颠覆了人们已有的生活、工作和学习模式。同时，大数据和人工智能的创新引用也为学界探索和发现社会群体的发展和演化规律提供了新的视角和技术方法，形成了以社会工程和计算主义为主导的研究潮流，推动了社会群体研究的数量化和精细化。[①] 与此相呼应，本章在梳理社会群体研究成果和总结社会群体研究理论基础上，提出了基于社会安全风险评估的三种社会群体分析方法和技术，以群体交流内容为对象的内容分析方法、以群体成员关系为对象的网络分析技术，以及以群体行为为对象的行为计量技术。

① 李建会、符征、张江：《计算主义——一种新的世界观》，中国社会科学出版社 2012 年版。

第二章　即时性网络：网络社群的社会影响及风险评估

一、研究背景与概念界定

网民的出现是计算机和网络技术发展及社会信息化的产物，是技术进步推动社会发展的典范。借助于网络平台，信息和知识得以快速传播，并将来自不同地域，拥有不同背景、身份的人聚集在一起，通过交流和联系，或因利益相关，或因观点相近，或因目的相同，形成了相对稳定的关系。尽管他们没有明确的规制，没有稳定的组织，没有明确的分工或阶层，但他们却在过去的几年中，用他们的思想、观念和声音在社会生活中留下了自己深深的烙印，怒斥也好，赞誉也好，他们，也包括你和我，用自己的声音宣示着存在。他们的聚合就是网络社群。

从社会学和地理学的角度来看，社群（community），广义而言是指在某些边界线、地区或领域内发生作用的一切社会关系。一般而言，社群是一种存在于人际间的网络式纽带，具备提供社会化支持、信息、归属感及社会认同等功能。网络社群是以互联网为媒介，通过网络互动，形成的具有共同目标和群体意识的相对稳定的人群。网络社群由于其成员的异质性及行动空间的虚拟性和交往纽带的网缘化，有别于传统的社会群体。但同时网络社群成员之间互动过程的超时空性与开放性、社会关系的平等性与自主性，以及秩序建构中的扁平化与多中心性催生了网络社群的快速崛起。[1]

---

① 杨嵘均：《网络虚拟社群的内涵、特征及其对国家政治安全的影响》，载《南京邮电大学学报（社会科学版）》2016 年第 4 期。

一般认为，社会群体的确认应具备四个基本条件[①]：明确的成员关系、持续的相互交往、一致的群体意识和规范、一致的目标和行动的能力。[②] 本研究认为网络社群是以互联网为媒介，通过网络互动，形成的具有共同目标和群体意识的联系或关系相对稳定的人群。本章将网络社群分为两类：一是以往的熟人以网络平台为媒介搭建的社群，其实是运用网络技术和信息技术对已有关系的延伸联系和经营；二是"熟悉的陌生人"所搭建的网络社群，即借助于网络平台，在知识和信息的交流过程中，所形成的关系或联系。我们所说的网络社群主要是指第二种网络社群。与网络社团相比，网络社群是在弱关系基础上形成的，成员之间的联系相对松散，可以称之为即时性网络，所以，其作用和影响往往被忽略。但在突发事件的诱导下，基于利益和认识的趋同，其舆论和行为往往具有爆发性，形成网络群体事件，并对现实社会产生冲击和影响，如近年来发生的"邓玉娇事件"、"周正龙华南虎事件"及"云南躲猫猫事件"等。

在实际研究中，与网络社群相关或相联系的一些概念必须加以区分。网络空间，网络社群、网络社区及网络社团等概念的区别可用下图表示。

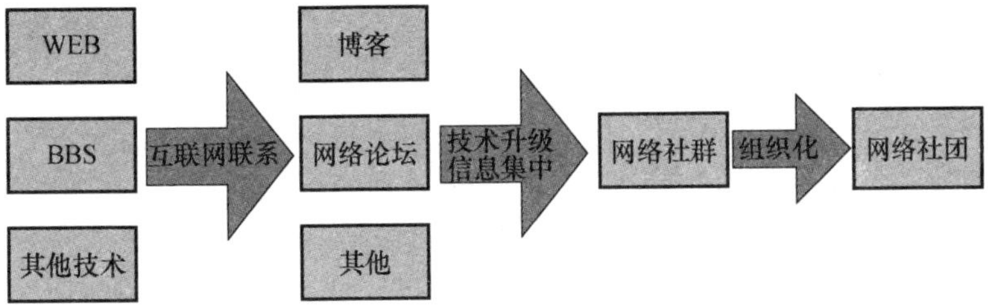

图1　概念区别

根据中国互联网络信息中心（CNNIC）发布的第48次《中国互联网络发展状况统计报告》显示，截至2021年6月末，我国网民的总数

① 张文宏：《网络社群的组织特征及其社会影响》，载《江苏行政学院学报》2011年第4期。
② 王琪：《网络社群：特征、构成要素及类型》，载《前沿》2011年第1期。

已达 10.11 亿人。[1] 近年来，网络社群已经成为网民的主要组织形态，并通过舆论表达、信息传播等方式，积极参与社会公共事务、经济活动，对现实社会的政治、经济和文化发展都产生了巨大影响和冲击。因此，我们通过研究网络社群的组织形态和类型体系，构建网络社群的评估体系，进而提出网络社群的导控体系应成为社会组织管理创新的重要内容。

二、研究思路与方法

本章的研究思路和方法是以对天涯社区进行的实证调查为基础，运用 UCINET 等社会网络分析软件和技术，分析网络社群的组织形态和存在类型，通过文献调查分析及专家访谈等方法，根据网络社群的发育程度及其影响力和社会效益，建立网络社群的风险评估体系，再以上述为基础，提出网络社群监督、引导和控制的对策和建议。

从系统的角度看，机制是对其组成要素，以及要素之间相互联系和相互作用的方式和过程所作的一种制度安排，表现为动态过程。网络社群的风险评估与导控机制是以网络社群的组织形态和行为过程为对象，形成的分析、评估及管理等诸要素和相互之间关系的设计与安排，以实现对网络社群动态监控与管理。网络社群的风险评估与导控机制的构成要素及相互关系见下图。

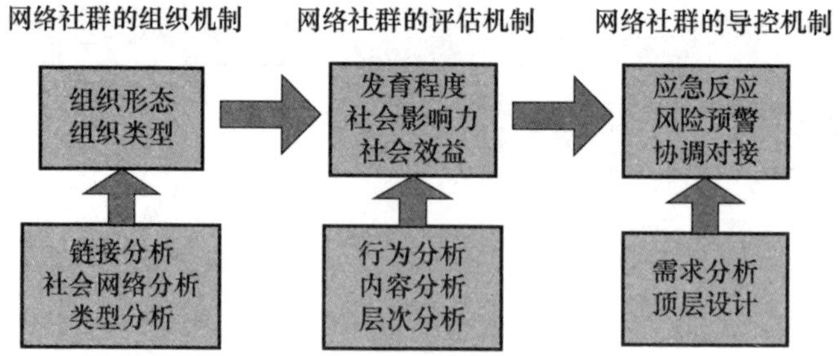

图 2　研究内容结构图

① 中国互联网络信息中心：第 48 次《中国互联网络发展状况统计报告》，载中文互联网数据资讯网 2021 年 8 月 27 日，http://www.199it.com/archives/1302411.html，2021 年 9 月 20 日访问。

天涯社区是国内目前人气旺、活动多、内容丰富的综合性网站。截至2021年9月20日，天涯社区共有74912876名注册成员，下设聚焦、论坛、博客、问答、应用、游戏及品牌等10余个栏目，涵盖了新闻发布、游戏交友、网上购物和信息传播等内容，其中博客栏目尤为活跃，又下设了话题、热门微博、天涯事件、天涯人物、天涯杂谈等子栏目。在其热门微博子栏目中，根据转发和评论的多少，分设了当日转发最多、评论最多，以及当周转发最多、评论最多的栏目。[①] 以对社会生活影响的深度和广度为基准，无疑，天涯社区的热门微博和天涯杂谈比其他版块具有更强的冲击力乃至干涉力。因此，本章就以上述子栏目作为研究对象。

UCINET是大型复杂网络分析工具，是用于研究目前所存在的各种复杂非线性网络的有力工具。[②] 在进行分析之前，根据研究内容的需要，收集了上述两个子栏目的三种数据：一是从2021年7月份起，每周随机收集一天的发帖目录，共延续至9月底，分析近三个月来网民关注的话题；二是针对转发或跟帖较多的帖子，收集转发者或跟帖评论的内容和网名进行关系分析；三是收集网民较为关注的帖子的内容及网民跟帖或评论较多的内容，以便进行内容分析。数据的收集共分为三个步骤：第一，通过网页截取，收集上述两个子栏目的目录和内容；第二，运用EXCEL整理上述数据，剔除其中冗余和不完整部分；第三，通过初步归类分析，形成可供UCINET使用和接受的数据。

三、网络社群的组织机制

网络社群的组织机制研究是对社群内部互动关系及其结构的分析及以分类指标体系为基础，通过聚类分析对网络社群的类型划分。具体来讲，体现为两个方面的研究内容：一是网络社群成员的关系分析；二是网络社群的类型分析。

网络社群成员的关系及其结构研究是网络社群定性的基础，主要内容包括网络社群成员的关系发现、联系密度、结构关系及网络中心性挖

---

① 参见天涯博客[EB/OL]，http://www. tianyablog. com/，2021年9月20日访问。

② 刘军：《整体网分析：UCINET软件实用指南（第二版）》，格致出版社2019年版。

掘等。

网络社群类型划分研究是网络社群分类管理的前提，其研究内容是从社群成员的互动关系、组织形式、社群功能及其价值取向等维度构建社群类型划分的基本指标，并以此为基准，运用聚类分析方法和技术，进行网络社群的类型定性。

在网络社群内部互动关系研究中，我们以网络社群的常态互动关系研究为基础，关注突发事件对互动关系的影响，研究网络社群对外界刺激的应激反应能力及网络动员能力和动员机制，探讨非常态的网络社群成员的互动关系变化及其对网络社群结构的影响。

（一）天涯社区网络社群成员的关系结构

不同于过去基于血缘、地缘、族群、宗教、民族而组成的传统社群，形式上，它相当于一个巨大的“虚拟组织”，即这种新型的组织形式不仅把传统的社会关系内嵌于其自身结构中，而且打破了传统关系纽带的限制，实现了跨越时空的交流。[①] 正如加州伯克利大学著名社会学家曼纽尔·卡斯特（Manuel Castells）在《网络社会的崛起》一书中所说，“网络社会”并不是即将出现的一种社会结构，而是我们唯一的社会结构。

信息的发布与交流是促使网络社群形成的主要因素。本文以信息传播为切入点，以跟帖和评论作为数据统计基准，从三个方面对网络社群成员的关系结构进行分析，以互动指数、话题为核心的关系结构和以“意见领袖”为中心点的关系结构，以及网络社群的类型分析在发生突发事件情况下网络社群的应激反应。

1. 整体互动：互动程度分析

以点击和转发、跟帖次数为点数，对天涯社区随机抽取的数据平均求和，将其设定为1，以此进行关注度和互动度的对比分析。

从点击数量上来看，天涯杂谈子栏目中每个帖子的平均点击量为

---

① 《虚拟组织和网络社会的管理》，载艾瑞网2010年9月7日，http://news.iresearch.cn/0200/20100709/119027.shtml，2021年9月10日访问。

14214 次。其中一些影响较大帖子的点击次数达到 994227 次，点击指数为 69.94，如关于“80 后”年轻人“躺平文化”的有关讨论等。而最少的点击次数只有 67 次，点击指数为 0.004，与影响较大的帖子具有较大的差异性。

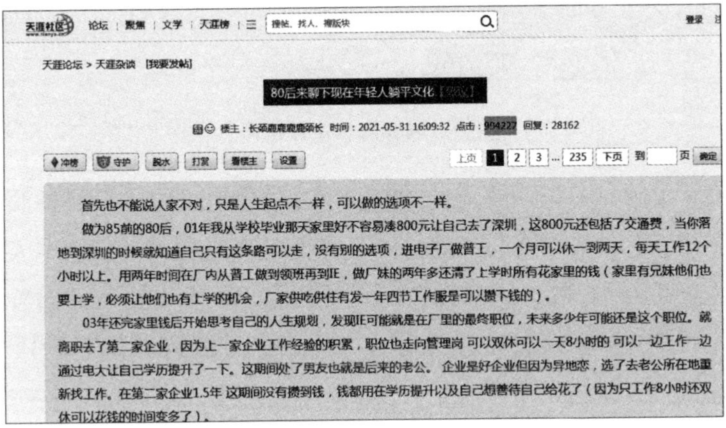

图 3　“80 后”年轻人“躺平文化”有关讨论截图

如果点击次数代表了网民的关注度，那么，回复和转发则意味着网民之间及网民和发帖人之间的互动程度。在天涯杂谈子栏目，每个帖子回复数量的平均数为 187.8。其中，某些关注度较高的帖子的回复次数达到 6658 次，互动指数为 35.50。如近期关于中国战略学研究的发帖。

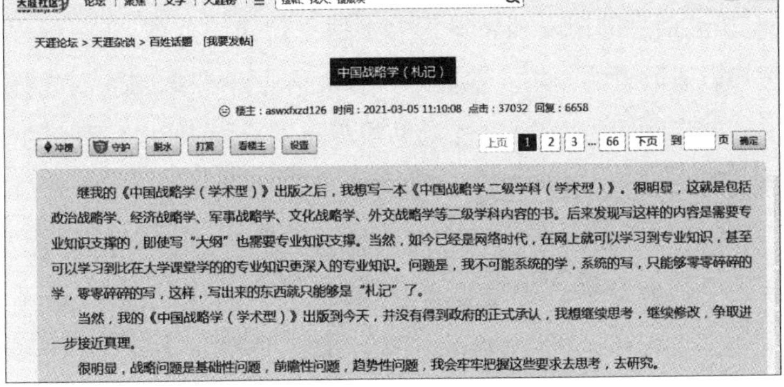

图 4　中国战略学研究网贴截图

而个别帖子的回复数为 0，二者之间的标准差为 35.50。如关于上海黑社会问题的网贴。

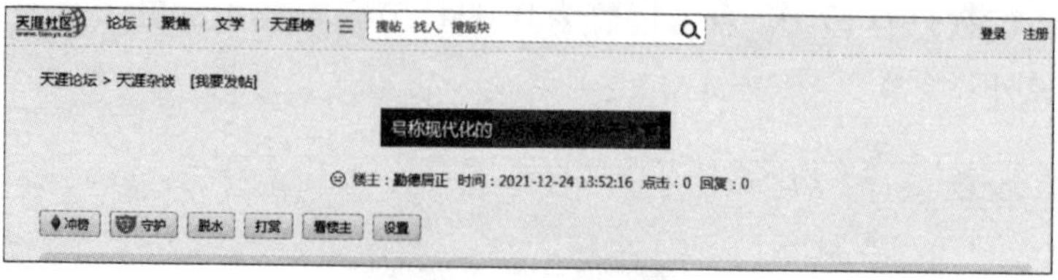

图 5　网贴点击次数截图

在天涯社区热门微博子栏目中，本次共抽取了 270 个网民的交流数据。其中，有 11 人没有与其他任何人发生互动，占 4.0%；有 91 人与其他 1 人发生互动，占 33.7%；有 51 人与其他 2 人发生互动，占 18.8%。总体来说，在天涯社区热门微博子栏目中，网民的平均互动次数为 6.572 次。

表 1　天涯热门微博网友评论

韩佳妮 22：人生的境界，说到底，是心灵的境界。若心乱神迷，无论你走多远，你皆捕捉不到人生的本象，领略不到有韵致的风景。唯有心灵的安静，方能铸就人性的优雅。这种安静，是得失后的平和，是诱惑前的恬淡，是困苦中的从容，是笑对人生，慢慢地去看清、看透、看穿、看淡的一个漫长且难挨的过程。 转发(37) | 评论(5) 昨天 11:32 来自天涯微博 说明：文字内容来源天涯社区热门微博子栏目。

从上述分析可以看出，网络社群成员中 20% 左右的人具有较强的互动性，通过信息的回复和转发扩大了信息传播的范围，在某种程度上承担着知识播散者的作用。他们因为对信息的需求或传播，有选择性地形成了一个临时性的聚合，通过意见或观点的交换，形成一种意见或观点群体。可以预见，这种基于议题或突发事件的聚合体，随着时间的推移，网民之间联系的密度会逐日增加；同时，由于意见的契合，网民之间联系的强度及牢固程度也会增加，最后形成成员稳定、联系密切的网络组织或团体，并扩大其影响力。就上述数据来看，版块参与人数的规模对其成员的互动规模有一定的影响，也就是说，总体规模越大，平均互动次数也就越多，互动规模也就越大。就目前现象来看，尽

管每个网民都可以与社区内的其他网民进行交流，但绝大部分网民的交往对象总是局限在一定的范围内，具有选择性，这也就形成了网络社群的类型特征。

2. 话题与"领袖"：网络社群的聚合结构

本部分将以网络帖子的回复、评论及转发的次数为依据，分析其结构形式及中心度，判断一个群体的集权情况或整合程度。本部分将以上述数据为基础，首先分析社群成员之间的结构形式，然后通过中心度分析，探讨社群成员的隶属属性。

（1）网络社群的结构分析：网络社群结构是在网民之间实际存在或者潜在的关系模式。[①] 理解社会网络的整体结构模式对社会网络的分析十分重要。[②]

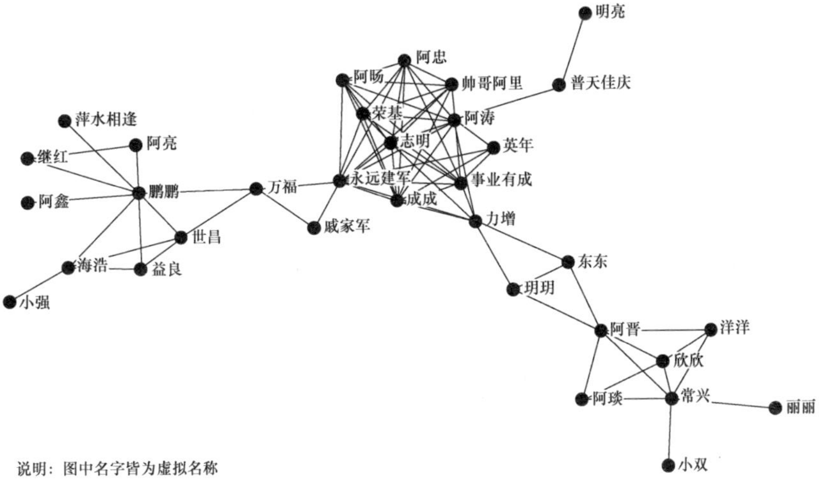

说明：图中名字皆为虚拟名称

图 6　以天涯社区热门微博成员的数据作出的社群图

可以看出，数据中共显示出成员 33 名，形成了若干连接对，具有较强的互动性和广泛的连接性；同时也呈现出网络中心性，成为网络子群的核心，为下一步的分析提供了借鉴和启示。

① Wellman, B., & Berkowitz, S. D.: *Social Structures: A Network Approach*, Cambridge, England: Cambridge University Press, 1998; Scott, J.. Social Network Analysis: *A Handbook*, Thousand Oaks: Sage Publications, 2000.

② 刘军：《社会网络分析导论》，社会科学文献出版社 2004 年版。

(2)网络密度和凝聚度分析:密度和凝聚度是指网络成员的紧密程度,即网络图中各个点之间联系的紧密程度,表现在网络现实中就是成员之间的互动频率。一般来讲,互相有连线的点越多,即互动次数越多,则网络图的密度越大,凝聚度越强。① 从理论上讲,网络社群成员互动关系越多的群体,往往交换的资源与信息也越多。也就是说,群体的网络密度越高,成员的互动程度也越高,产生的信息与资源交换自然也会比较多。②

表2显示了基于天涯社区热门微博子栏目的数据,运用Netminer测算的两者的网络密度和凝聚度数值。

表2 网络密度与凝聚度数据表

编号	中心性	中心度标准值	凝聚度
王大麻子	77.000	28.642	0.043
浔阳江畔寻梦人	68.000	25.348	0.037
邪教主	53.000	20.374	0.029
拈花时评95	31.000	13.987	0.023
dxz1969	0.000	0.000	0.000
laonebo	0.000	0.000	0.000
秀才江湖	0.000	0.000	0.000
谭五同	0.000	0.000	0.000
驿路往西	0.000	0.000	0.000

从上述数值可以看出,天涯社区热门微博社群的密度和凝聚度都比较低,也就是说成员之间的互动频率和次数较少,结构关系较为松散。一般认为,与现实社会网络相比,网络社群成员关系的密度和凝聚度都较低。原因在于:一是社区中话题的多样性,增加了网民可选择的范围,

① 罗家德:《社会网分析讲义》,社会科学文献出版社2005年版。

② Coleman, James. *Social Capital in the Creation of Human Capital.* American Journal of Sociology 94. 95-120(1990). Foundations of Social Theory. Cambridge: The Belknap Press.

所以，容易导致网民分散于不同的话题；二是话题转换较快，导致讨论关系的即时性，无法形成现实社会中稳定的关系和联系；[①]三是网络社群参与者的匿名性、开放性、去边界、多元身份等，导致社群成员具有较强的流动性和不确定性，以及成员身份的不确定性，进一步降低整个社群网络的密度与凝聚度。[②] 同时，也应该看到，社群的属性和交流氛围也会对社群的密度和凝聚度产生影响。一是天涯社区属于意见交流与信息发布的平台，侧重于对时政和各种社会现象的评论，因此，相比之下，其成员之间的互动程度较低；二是由于网络社会交流环境不如现实社会交流环境那么正式，并缺少相应的约束性，因此，社群成员往往转移话题或"潜水"，导致互动规模降低。

(3)网络社群的中心性分析：表2提供了天涯社区热门微博社群的中心性。从表中我们可以看出，中心性最低的是"秀才江湖""谭五同"等人，这些网民的中心性为0，是网络社群中的边缘人物，他们偶尔发一个帖子，不与其他人发生互动，在群体中没有控制资源的能力。而中心度最高的是网名为"王大麻子"的网民，它的中心度标准值为28.642；其次是网名为"浔阳江畔寻梦人"的网民，它的中心度标准值为25.348；再次是网名为"邪教主"的网民，它的中心度标准值为20.374。

从社会学角度来看，网络中心的网民就是最有社会地位和最有权力的人。[③] 所以，网络中的中心位置也被作为测量声望和权力的重要指向。[④] 他们在网络社区中通过发布高质量的帖子及及时有用的信息，具有较强的信誉度和影响力，从而在社群中具有了一定的声望，成为信息和意见的中心，进而影响着整个社群的发展方向。

---

① 白淑英：《基于BBS的网络交往特征》，载《哈尔滨工业大学学报（社会科学版）》2002年第3期。

② 黄少华：《虚拟穆斯林社区的社会网络》，载《兰州大学学报（社会科学版）》2008年第1期。

③ 罗家德：《社会网分析讲义》，社会科学文献出版社2005年版。

④ Wasserman, S., & Faust, K.. Social Network Analysis: *Methods and Application*, Cambridge: Cambridge University Press, 1994.

表 3　中心性分析表

昵称	特征向量中心性
王大麻子	0. 500
浔阳江畔寻梦人	0. 300
邪教主	0. 290
拈花时评 95	0. 280
吟诵诗惜红艳	0. 230
龙凤祥云	0. 220
紫衣公子	0. 210
隔山望海	0. 190
龙曼	0. 190

(4)话题的聚合效应:以研究期间所收集天涯社区热门微博子栏目的发帖标题为代表,上述子栏目的主要话题及其构成比例可见下表。

表 4　话题内容数量表

序号	目录	发帖数量	所占比例
1	反腐举报	40	4%
2	事件评论	320	32%
3	人物评论	50	5%
4	事实真相	160	16%
5	国际局势	20	2%
6	求助与求救	40	4%
7	思想观点	100	10%
8	民生生活	40	4%
9	其他	230	23%
总计		1000	100%

从数据中可以看出,上述网络社群所关注的焦点在于对当前社会所发生事件的评论与评判、事实真相的上传,以及思想观点的表达。

表 5　天涯热门微博网友评论

尼克勒斯 6：12 月 6 日，一组"黑制服抢甘蔗"的视频在网上热传。十多名身着统一的"静通市容"黑制服的人员，将一名骑车带着一捆甘蔗的老人团团围住，然后，三两下把老人的甘蔗全部夺走，画面里老人绝望的哭喊声让人揪心。事发地南通海门区三星镇镇长袁卫涛回应记者称，视频中着制服人员属政府购买服务的第三方市容管理公司，工作人员行为规范跟要求理念格格不入，缺乏温情。已约谈公司，对责任人暂停工作，并启动问责程序。并承诺将于 7 日登门拜访当事人，向其道歉。①
TY 独狼 2020：中国的人均 GDP，已于 2021 年超过一万美元。而人均国民收入，应该也很快超过一万美元。众所周知，拉美的不少国家，曾在经济高速增长到一定程度后突然停滞不前，而且是长期停滞不前，被称为"拉美病"。事实上，非洲和亚洲的某些国度，同样也存在这种情况，而且同样也是在人均收入到世界公认的中等水平时，所以被称为"中等收入陷阱"。那么，我们能成功跨过"中等收入陷阱"？②
烟台我是大葱：记得很久之前看到一部关于医生和医药代表的电视剧，但是电视剧里面都是展示肮脏的一面，医生无德，医药代表没有做人底线。但是很显然，现实中我们多数医生和医药代表还是很好的，但是在好人中也有败类，比如这个医药代表德医生，或许他就是电视剧看多了，觉得这一切理所应当，导致他忘了道德和法律。我不知道在这个 60 多岁的医生眼里 20 岁出头的医药代表到底是怎样的存在，是他眼里的玩物，还是交易的对象，但是很显然，无论如何他的想法都和实际完全脱离，他的想法是扭曲的，是不道德的。所以他必将受到法律惩罚！③ 说明：文字内容来源天涯社区微博子栏目。

就目前情况来看，话题的聚合效应具有较强的时效性。以"表哥"杨达才网络事件为例，经历了"发现——发酵——轰动——政府处置——消退"的过程，其间延续了大概一个月的时间。自杨达才在车祸现场的"微笑事件"被炒作后，天涯社区热门微博子栏目每天都要有 2 至 3 篇博文转发或发布杨达才的相关信息，包括其任职、履历等情况。

① 《"黑制服"抢老农甘蔗，执法可以外包?》，载天涯社区微博版块 2021 年 12 月 7 日，http://bbs.tianya.cn/post-free-6199794-1.shtml，2021 年 12 月 20 日访问。

② 《中国能否成功跨过"中等收入陷阱"?》，载天涯社区微博版块 2021 年 12 月 23 日，http://bbs.tianya.cn/post-free-6200781-1.shtml，2021 年 12 月 23 日访问。

③ 《上海医生强奸医药代表，这样的事情还有多少?》，载天涯社区微博版块 2021 年 12 月 18 日，http://bbs.tianya.cn/post-free-6200774-1.shtml，2021 年 12 月 20 日访问。

在这一阶段,“杨达才事件”进入了“发酵期”。网络舆论也由早期的吃惊、愤怒转向更为强烈的情绪,甚至是质疑政府,充斥着暴戾之气。同时,网民也在通过对杨达才各种信息的整合与分析,寻找着突破口和切入点。2012 年 8 月 27 日,有网民发现杨达才在不同场合所戴手表品牌和质地不同,因此,诱发了对杨达才腐败问题的追问和揭露。最终,9 月 21 日,陕西省纪委官方网站“秦风网”发布消息,鉴于杨达才在“8·26”特别重大道路交通事故现场“笑脸”的不当行为和佩戴多块名表等问题,经调查,杨达才存在严重违纪问题,撤销其陕西省第十二届纪委委员、省安监局党组书记、局长职务。[①] 同时,话题的聚合具有较强的社会影响力。纵观“杨达才事件”的整个过程,与周久耕的“天价香烟”和周正龙的“华南虎事件”有着较多相似之处,即从开始时的质疑或愤怒,转化为对当事人相关信息的挖掘与搜索,从而引起更为广泛的社会轰动,通过挖掘的事实及舆论压力迫使政府进行相关的法律法规处置。从某种意义上讲,网络话题也是集聚网民知识和智慧的过程。在上述事件中,不同行业和领域的网民,结合自身的专业知识和技能,对香烟、手表及画面进行了技术等方面的相近分析,为最后政府的处理提供了线索和依据。但需要注意的是,这一现象有扩大的趋势,已不仅仅局限于一些言行不慎的官员或公共人物,而成为一种技术方法或手段。如 2012 年对所谓福建的“表叔厅长”李某某的搜索。[②]

【福建“表叔厅长”居然跨省毁报几十万份】福建李某某手戴五万元雷达镶钻手表,腰戴一万五千元爱马仕腰带。原本今日云南《都市时报》(A30 版),要推出《福建“表叔厅长”来了》报道。几十万份报纸已经印刷,凌晨却被跨省销毁,同时开始疯狂删帖。[③]

【传福建“表叔厅长”跨省毁报数十万份】云南《都市时报》原计划发

---

① 《“表哥”杨达才因严重违纪被撤职》,载凤凰网 2012 年 9 月 22 日,http://news.ifeng.com/gundong/detail_2012_09/22/17812865_0.shtml,2021 年 12 月 20 日访问。

② 《福建“表叔厅长”被指跨省销毁数十万份报纸》,载山西晚报 2012 年 9 月 22 日,https://tieba.baidu.com/p/1914573976,2021 年 12 月 20 日访问。

③ 王克勤:《福建“表叔厅长”居然跨省毁报几十万份》,载新浪网 2012 年 9 月 22 日,http://blog.sina.com.cn/s/blog_7f25ba540101bfyl.html,2021 年 12 月 20 日访问。

表《福建“表叔厅长”来了》报道，揭露福建李某某佩戴价值 5 万元雷达镶钻手表及 15000 元爱马仕腰带一事。但几十万份印好的报纸被连夜跨省销毁，同时网络上也在删帖。网友评论，这回又出一个“表叔”？①

就目前上述社群的发展情况来看，社群领袖的影响力和突发事件的聚合力还没有完全结合起来，即在本次研究期间，社群领袖在突发事件中所起的作用还仅局限于下述两个方面：一是事件的深度分析，以独特的视角、深邃的简介及犀利的语言，表达对所发生事件的观点和意见，占领思想高地，引领舆论的发展方向和走向，启迪其他网民的思路和想法。如图所示：

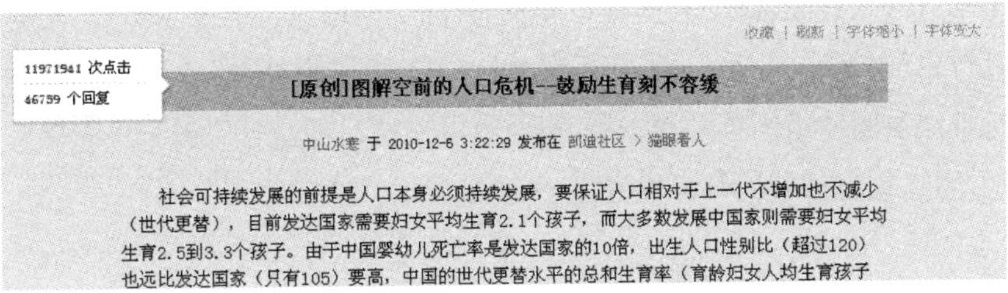

图 7　网民分析博文截图

二是信息的发布，通过信息的转发或挖掘，具有信息优势，吸引其他网民的跟随和围观。如下述博文：

ty_思念 323： 随着这几年的电商发展，人们的生活发生了翻天覆地的变化，同时也加快了人们的生活节奏。每个人的肩上都压着重重的担子。单凭一个房贷就压得大部分人喘不过气来，更别说生儿育女了。现在线上电商也不是那么好做，人员开支，场地水电费，最主要的是推广开支巨大，最后赚到手的也是寥寥无几。当然做得好的也是特别赚钱的，但这里面的两极分化也更严重，节奏和精神压力也是可想而知的。②

TY 感恩遇见： 新华社消息称，浙江省杭州市税务稽查局查明，网络主播黄某在 2019 年至 2020 年期间，通过隐匿个人收入、虚构业务转换

---

① 《福建“表叔厅长”被指跨省销毁数十万份报纸》，载百度贴吧 2012 年 9 月 22 日，https://tieba. baidu. com/p/1914573976，2021 年 12 月 20 日访问。

② 《老百姓这几年的现状》，载天涯论坛 2021 年 12 月 18 日，http://bbs. tianya. cn/post - free - 6200470 - 1. shtml，2021 年 12 月 20 日访问。

收入性质虚假申报等方式偷逃税款6.43亿元，其他少缴税款0.6亿元，依法对黄某作出税务行政处理处罚决定，追缴税款、加收滞纳金并处罚款共计13.41亿元。经计算，这两年应缴税款是6.43+0.6=7.03亿元。如果中规中矩地交税，得要有大概22亿元总收入，这样除掉税款，个人税后差不多还有15亿元。这是什么概念？一年365天，每一天24小时，每小时60分钟，就是说她不眠不休，每一分钟都在进账2854元，也就是一分钟相当于普通人一个月的工资。①

就目前情况来看，由于结构的松散和关系强度较低，上述社群意见领袖的作用还仅局限于所属范围。从理论上讲，"虚拟社群是网络空间里开放的人群集合体，它的存在和发展，除了网站提供的技术平台，还有社群成员的参与程度"。② 社群领袖除了上述作用外，还应该扮演推动社群成员间的组织维系和发展，以及社群交往时的监管协调和秩序保障的角色，促进社群的和谐发展。

（二）网络社群的类型分析

类型分析主要是通过事物特点和特征的归纳与综合，找到事物之间的共性特征，这是一种知识发现的过程。由于类型划定的标准不同，在以往的研究中，对网络社群类型有着不同的归纳。从功能上看，网络社群可分为讨论型社群、任务与目标导向型社群、想象世界型社群以及混合型社群等。③ 而从内容上看，网络社群又可以分为友谊型、同好型、利益型以及崇高型等。④ 同时，在有些研究中，研究者从量化的角度和方法，运用分析软件，界定网络社群的基本属性和特征，进而划分社群的类型。但这种方法由于过分依赖于统计数字，而忽略了网络社群形成的本质——信息的交流与沟通，因此，本部分在整理分析数据的基础上，从两个角度对网络社群进行类型定性：一是从网络社群的形成和发育、发展

① 《薇娅被罚13.41亿，大家来估一估她的年收入》，载天涯论坛2021年12月18日，http://bbs.tianya.cn/post-free-6200604-1.shtml，2021年12月18日访问。

② 王丽：《虚拟社群中意见领袖的传播角色》，载《新闻界》2006年第3期。

③ 周涛：《Wiki社群的社会网络分析》，华东师范大学2005年硕士学位论文。

④ 王琪：《网络社群：特征、构成要素及类型》，载《前沿》2011年第1期。

程度来确定网络社群的类型；二是根据社群中网民聚合的原因与目的来界定网络社群的基本分类。

任何事物都有一个发生、发展和成长的过程。根据社会组织或社会群体认定的标准，本研究将网络社群的产生和发展区分为三个阶段或形态。

1. 基于突发事件或话题应激产生的网络联系

这是网络社群的早期联系，是网民针对某些突发事件或者某些感兴趣的话题而自发形成的互动关系。在这一阶段，网民联系的目的性和利益性较强，具有明确的任务指向。在“周正龙华南虎事件”中，网民根据自身的知识特长和优势，对照片中出现的华南虎从绘画、光学、动物学，以及植物学等角度进行了详尽分析，实现了对周正龙照片的证伪。而在“杨达才事件”中，网民则通过网络收集了杨达才在不同时期和不同场合的手表和饰物，使人不仅产生了杨达才收入和支出严重不符的感觉，并最终被当地纪律检查委员会证实。在上述案件中，网民的目的和任务都比较明确：通过知识检索，推进网络舆论的形成；但他们之间的联系往往是自发的，相互之间缺少稳定和密切的联系，因此，只能称为基于任务的松散的社团结构。但是，这一阶段的网络社群的作用和影响往往被人忽略，仅把他们视为一种临时的聚合。而事实上，这一阶段的网络社群往往具有较强的破坏力、冲击力和影响力。原因在于，网民的网络行为或言论缺少协调与组织，乃至法律法规的制约，只是出于相关利益或不满情绪的宣泄和爆发。

2. 基于知识和意见交流形成的网络关系

在社区平台的交流中，知识和信息的流动，以及思想观点和意见的交换都可以促使或吸引相近的人加强交流的频率及交流内容的深度和广度，从而形成相对稳定的网络关系。在 2012 年 9 月份的“保钓行动”中，上述栏目也都出现了大量的背景资料及对保钓行动的评价和相关建议等。而在当年国庆长假开始后，上述栏目中的网民经常进行驾驶或旅游应注意事项的交流或共享。在这一阶段里，网民们出于相似或相近的意见和观点形成了相对密切的关系。这种选择性联系会加深网民之间的信任度，从而通过联系的加强最终形成相对稳定的网络关系。

3. 以意见领袖为带领的网络群体

知识和信息的交流会加深网民之间的相互了解，乃至相互信任。而中间的优秀者会被其他人所追随，成为所谓的“意见领袖”。“意见领袖”的出现是网络社群成员有序化的前提。“意见领袖”往往以其相对的知识优势、信息优势而成为其他网民的引领者，具有一定的协调和管理作用。在上述栏目中，一些意见领袖的发帖往往会引来大量的转发、评论或回复。交流中所形成的信任会使他们成为“意见领袖”观点和看法的传播者，扩大“意见领袖”观点和看法的影响。

上文所述既是网络社群的类型划分，也代表网络社群的发展阶段。在上述三个阶段中，网民之间经历了由联系到形成密切关系再到松散的聚合体这一过程。

（三）社群成员的关系类型分析

在以往的研究中，人们往往将网络社群的成员分为如下类型：成员领袖、意见呼应者、自我揭露者、经验意见分享者、信息询问者、浏览者、产品推广者、干扰者等；或分为浏览者、建设者等。[①] 本部分将网络社群成员之间的互动关系和诉求内容作为类型区分的标准，根据对所收集数据的整理，可以发现，在上述社群中存在着三种基于不同互动关系的网络社群成员：讨论关系、信息关系和帮助关系。

所谓讨论关系，是指成员之间围绕某个话题发表自己的观点和看法。

痴山：《“把西瓜砸了”一声令下，四名保安冲向板车一顿猛砸！官方回应了》报道：一段只有21秒的短视频，记录下一群披着“保安皮”的人，比“地痞黑恶”更发指的罪行。视频中，一位中年男子将一辆两轮板车停在广告牌边的人行道上，车上载着几个西瓜和一个电子秤。随后，有四个穿着“保安服”的男子猛地冲过来，有一男声大喝“把西瓜砸了！

① 杨堤雅：《因特网虚拟社区成员之角色与沟通互动之探讨》，我国台湾地区国立中正大学企业管理研究所2000年学位论文。

把秤砸了！”这四个“保安”在摊主抱住电子秤，同时不断“不……不……不”的苦苦哀求下，把西瓜砸烂，还强抢被摊主抱在怀中的电子秤。现场一片狼藉。[①]

刘全战略研究中心：笔者认为，联想集团改制和一系列的股权变更是否合理、合法、合规，这是“司柳之争”的最核心问题，这也决定联想是否存在国有资产流失的问题。联想前身是中科院投资20万元成立的全民所有制企业，联想通过一系列的资本腾挪和复杂的股权结构设计，最终把联想改成了民营控股的股份制企业。而中科院仅占联想集团29%股份，已经完全失去了对联想的控制权，令人匪夷所思。[②]

所谓信息关系，是指社群成员以论坛为平台，通过文字、图片、视频等方式传递和分享各种信息。

ty_匆匆过客285：航班如预期晚点，机上人很多，基本算满员。再一聊，基本都是从韩国转机去其他国家的，其中绝大部分都是从韩国转机飞蒙古国乌兰巴托。因为疫情，大家交流也不多，只是小范围的熟人沟通，防护措施也不一，有全身着防护服捂得严严实实的（不多，就十几个，估计是一个团队），有戴防护面具的，也有简简单单佩戴一次性医用口罩的；我们则统一佩戴了N95口罩，登机前一直在人少的地方躲着，登机时才把防护服穿戴好。飞机上，空姐发放了餐食，我们是真饿坏了，一天就吃了一碗泡面，拿酒精湿巾对餐具进行消毒后两口就吃没了。再回头看看周边，刚开始大家都很矜持，后来估计都饿得差不多了，都在吃。一路无话，晚上七点多到达韩国仁川机场。[③]

所谓帮助关系，是指社群成员将自己遇到的问题等以文字、视频等方式在论坛上发布，以期得到其他成员的帮助或建议。

邪教主：【紧急寻人】李某某，女，汉口七一华源学校八年级学生，身

① 《打砸摊贩西瓜，谁给了保安公权力?》，载天涯论坛2021年11月30日，http://bbs. tianya. cn/post - free - 6090171 - 1. shtml，2021年12月20日访问。

② 《为何要“讨伐”联想集团?》，载天涯论坛2021年11月30日，http://bbs. tianya. cn/post-free-6199306-1. shtml，2021年12月20日访问。

③ 大V司马南，《在国外疫区工作生活的日子》，载天涯论坛2021年11月16日，http://bbs. tianya. cn/post-free-6198435-1. shtml，2021年12月20日访问。

高158cm,上身穿蓝白格子外套,下穿蓝色牛仔裤,脚穿紫色耐克运动鞋,背一黑色白点书包。扎马尾辫,戴着一副近视眼镜,偏瘦,2012年10月8日6:30分出门,一直未到学校,有见到者,请拨打联系电话139xxxxxxxx,其家人非常着急!求扩散!

黑天黑日:请扩散。18岁的合肥七中女生张某某被一辆黑色雷克萨斯轿车违规左转撞倒,不治身亡。司机肇事逃跑后找人顶包,家属要求调取录像,却告知被损坏;要求看司机相片,则以保护隐私为由遭到拒绝。【皖AGRxxxx】的车主是谁?为何如此难查?安徽媒体集体失声,法律何在?

ty_龙之梦:我名叫郭某某,是安徽省无为县一名挖掘机司机,在万般无奈、投诉无门的情况下发布网上,我将为陈述内容的真实性承担法律责任,事情是这样的:本人在2017年4月到10月间,经朋友介绍到无为县参与农田改造工程(挖掘机)施工,工程结束后,施工小老板承诺政府工程款一下来,马上支付3.7万元欠款。我心想此工程属于政府民生工程施工,工程款应该没问题。然而却从2017年一直拖到现在,期间多次找过县政府有关部门,拨打县长热线,但都无疾而终。①

本部分主要通过对天涯热门微博成员的考察,分析了社群成员的凝聚度、密度,社群的组合结构及社群和社群成员的基本类型,为下一步所进行的评估机制的创建提供了基础和依据。

四、网络社群的安全风险评估机制

网络社群评估研究是本章的核心,也是实施导控措施的依据。很明显,网络社群作为一种松散的组织形式,并不能运用民政部所颁布的关于社会组织管理及社会组织评估的相关规定进行评价。因为其组织形式和联系形式的特殊性,因此,我们借鉴了网络评估及网站评估的技术和方法构建了评估框架。本部分将对网络社群的评估分为三个方面:网络社群发展程度的评估、网络社群(意见领袖)影响力的评估,以及网络

① 《安徽省无为县政府农田改造,两年讨薪未果》,载天涯论坛2019年12月20日,http://bbs.tianya.cn/post-free-6114176-1.shtml,2021年12月20日访问。

社群行为社会效益的评估。

（一）网络社群发展程度评估

根据上一部分的分析，网络社群的影响力和网络社群的发展程度呈正相关，即越是发展成熟的社群，其网络影响力和社会影响就越大；但就其社会冲击力来讲，却呈现出负相关的效应，即网络社群成员之间的关系越是呈现松散化倾向，其成员所发布的相关信息或网络行为对网络环境，乃至现实社会的冲击力甚至破坏力就越强。因此，发现和了解网络社群的产生和发展状况是加强网络社群管理的基础和中心。

网络社群发展程度评估是对网络社群产生、成长过程及组织程度的考察。其主要指标体现在如下方面：网络社群的规模（人员数量与资源数量）、社群成员的关系密度，以及社群的组织化程度与复杂度。网络社群的发展程度评估从上述三个方面建立积分评估量表，确立网络社群的发展阶段，以为分级、分类管理提供参考和依据。具体可见下表：

表 6　网络社群发展程度评估量表

网络社群规模	成员数量	注册人数	1	2	3	4	5
		每日在线人数	1	2	3	4	5
	资源总量	网页总量	1	2	3	4	5
		发帖总量	1	2	3	4	5
社群成员密度	人均信息量	发帖数量	1	2	3	4	5
		转发或评论量	1	2	3	4	5
	互动程度	互动次数	1	2	3	4	5
		联系人数	1	2	3	4	5
社群组织程度	社群聚合度	社群意见的倾向性	1	2	3	4	5
		社群成员的支持度	1	2	3	4	5
	社群结构化程度	社群成员角色清晰度	1	2	3	4	5
		社群规则的形成	1	2	3	4	5

可以看出，对社群发展发育程度的考量从三个方面展开，每个方面又下设了两个二级指标和四个三级指标；同时，又对每个指标设定了 1

至5个级别的评估分数，根据对不同社群考察的数据可通过上述分析，确定其发展与发育程度，进而制定应对监督和管控方法。本量表是在对所涉及的网络社群进行分析的基础上提炼出的，但由于时间关系，无法对其他社群进行评估，从而进行测试。因此，还存在瑕疵，有待进一步改进和完善，如对上述指标分值的权重设定，以及二级和三级指标的进一步细化等。

（二）网络社群的影响力评估

目前，国内外对网站的评价标准与评价方法不尽相同，评价指标也各有侧重，但很少有涉及网站链接分析与网络影响力的评价体系。[①] 中国企业联合会、中国企业家协会所属信息交流中心于2005年6月1日至7月10日期间，在中企联合网上开展"全国优秀企业网站"评选活动，其评选标准包括内容标准、技术标准和管理标准，在技术标准项仅有关于站内链接的表述："导航明确，链接无误，首页与栏目的链接点通率不低于90%。"但总体来讲，目前对网站的评价方法可以分为主观定性评价、客观定量评价与综合评价。本部分将采用定量分析的方法，进行网络社群的综合影响力研究。

网络社群的影响力评估，是指其资源利用率及信息传播的广度。网络社群的影响力评估主要体现为如下指标：关注度指标，访问人数和人均访问页面；显示度指标，在网络被转发或评论的数量；资源认可度指标，入链网页数和入链网站数等。网络社群影响力评估将运用链接分析法进行计算，并构建影响力评估指标。

链接分析方法是进行网络计量研究的最基本的工具和途径。借鉴已有对国内大学、企业或政府网站链接分析的经验和做法，[②]我们运用链接分析方法分三次在Altavista平台对天涯热门微博子栏目，从七个方面进行了数据收集，并将三次收集的数据进行平均，然后计算其影响力。

① 李玉海：《电子商务网站评价》，载《图书馆理论与实践》2006年第1期。

② 黄贺方、孙建军：《基于链接分析的网站评价实证研究——以四大门户网站为例》，载《情报杂志》2011年第1期。

进行检索的数据主要有如下三个方面：(1) **网页总数**：网站或子栏目拥有的网页总数。一般来讲，网页数量越多，信息含量也就越大。(2) **链接总量**：搜索到的与网站或子栏目链接的网页总数。网站或子栏目被链接的总量越大，网站的影响力也就越大。(3) **外部链接**：网站或子栏目的外部链接，是衡量网站影响力和价值的重要尺度。但一般来说价值高、影响力大的网站被其他网站链接的次数就越多。根据上述数据，计算出版块的网络影响度和外部影响度。其公式如下：

网络影响力分析：网络影响力 = 链接总量/网页总数。

外部网络影响力分析：外部网络影响力 = 外部链接总量/网页总数。

Alexa **排名**：提供全球网站排名讯息，包括网络流量数据、关键词搜索分析、网站用户统计等功能。[①] 许多学者都利用 Alexa 提供的网站流量、综合排名、人均页面访问量等作为研究指标。[②]

人均页面访问量：系采用 Alexa 网站提供的最近 3 个月人均页面访问量数据，统计截至 2021 年 10 月 9 日。

不同的搜索指令会对实际研究工作产生较大影响。通过研究前述文献中所使用的检索方式和检索指令，我们使用了下述检索式。

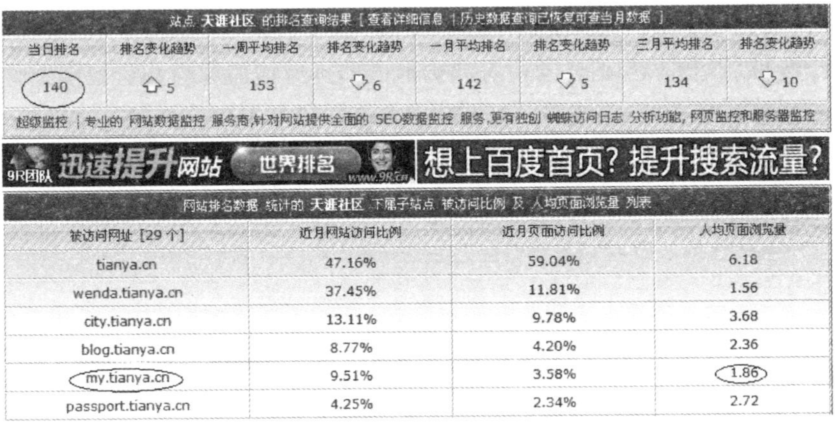
站点 天涯社区 的排名查询结果 [查看详细信息 | 历史数据查询已恢复可查当月数据]

当日排名	排名变化趋势	一周平均排名	排名变化趋势	一月平均排名	排名变化趋势	三月平均排名	排名变化趋势
140	⇧5	153	⇩6	142	⇩5	134	⇩10

超级监控 | 专业的 网站数据监控 服务商,针对网站提供全面的 SEO数据监控 服务,更有独创 蜘蛛访问日志 分析功能, 网页监控和服务器监控

网站排名数据 统计的 天涯社区 下属子站点 被访问比例 及 人均页面浏览量 列表

被访问网址 [29 个]	近月网站访问比例	近月页面访问比例	人均页面浏览量
tianya.cn	47.16%	59.04%	6.18
wenda.tianya.cn	37.45%	11.81%	1.56
city.tianya.cn	13.11%	9.78%	3.68
blog.tianya.cn	8.77%	4.20%	2.36
my.tianya.cn	9.51%	3.58%	1.86
passport.tianya.cn	4.25%	2.34%	2.72

图 8　天涯社区的综合排名

① 苏芳荔：《信息计量视角下的网站健康度检查——以河南省市级政府门户网站为例》，载《图书馆学刊》2011 年第 2 期。

② 同上。

表 7　天涯热门微博子栏目的指标与检索式

子栏目	指标	检索式
天涯热门微博	网页总数	Domain:www. my. tianya. cn
	链接总量	Link:www. my. tianya. cn
	外部链接	Link:www. my. tianya. cn

通过对天涯热门微博子栏目的检索,本研究收集到如下基本数据,并进行初步分析,可以得到结果。

表 8　天涯热门微博子栏目的指标数据

子栏目	排名	链接总量	网页总数	外部链接	网络影响力	外部影响力	人均页面访问量
天涯热门微博	140	416000	419000	57700	0. 99	0. 139	1. 86

通过对上述指标的分析,可以得出这样的结论:对一个网络社区的评估,仅仅考察其所拥有的信息和知识存储量,以及与其他网络社区的链接还远远不能全面反映其影响,而更应该考察是否和用户之间产生了互动,是否具有积极向上的社会效益。因此,对网络社区或网络社群,所传递和交流知识和信息的质量和价值取向也应该成为对其考察和评估的重要内容。

在本章中,通过借鉴一些商业或学术网站的评估方法,设立了以量化指标为载体的网络社区的评价模式。其间,为了保证数据收集的稳定、统一和公正,我们没有运用"网络爬虫"等自己制作的软件收集数据,而是借用了第三方软件和网站,确保了所收集数据的有效性。通过上述分析,可以看出,相比之下,天涯微博的网站排名比较靠前,同时,也具有较强的网络影响力和外在影响力。

(三)网络社群社会效益评估

网络社群社会效益评估是指对社群行为在社会发展与稳定中贡献度的考察。网络社群的社会效益可从下述方面考量:网络社群成员与现实社会的互动，即社会影响性，或者说是社会活动的基本属性，如社会活动的合法性等；所发布与传播信息的价值取向（正面、负面或是否具有违法性）。因为网络社群外在特征的可度量性，网络社群的组织结构评估和网络社群影响力评估主要采用了量化的方法。鉴于网络社群社会效益的复杂性，我们采用了量化和定性相结合的评价和评估方式。

网络社群社会效益评估综合的方法和技术主要包括下属两个方面：传播和信息行为分析、内容管理与内容分析。通过建立积分计量体系，实现对网络社群社会效益评估，以为网络社群的合理管控提供科学依据。

1. 网络社群成员与现实社会的互动倾向评估

网络社群成员与现实社会的互动主要是指社群成员通过社区信息传播机制宣传、诱导、鼓励，乃至煽动其他成员或读者开展或参与社会活动的行为及其实际后果。上述行为在一些购物社区或者团购社区表现得最为典型。某些成员作为一些品牌的代言者或者推手积极鼓动社区成员参加某些产品推销或推介活动。同时，在一些以休闲娱乐为主旨的社区也存在着上述行为，如“驴友”、“车友”及“钓友”等活动。上述行为是网络技术和平台对社会发展所带来的福利，同时，也应该看到其弊端和缺点。由于计算机网络传播速度与广度，很多网络社群的成员也会在某些成员的鼓动和诱惑下，开展某些影响社会稳定与安定的活动。例如，2010 年春节，河南省郑州市的出租车司机因为相关政策的调整，准备在春节后市民租车量大的时候开展“全市罢运”活动，通过瘫痪市区交通运营的方式迫使政府改变即将实施的政策和规定。不过由于发现及时，被政府有关部门制止。因此，网络监控和管理应根据不同网络社区或网络社群的社会行为倾向，通过评价和评估，确定重点关注的对象。

网络社群成员与现实社会互动度可从下述两个方面进行评估和评价。

(1)社群成员发帖的行为倾向。社群成员发帖的倾向度可从语言的推动性加以评估,可以分为阻止、劝说、请求、鼓励、鼓动等不同层级。在对上述子栏目的观察中,可以发现,在一些揭露腐败行为和求助网民的帖子中出现了请求及鼓动等倾向性语言。

王强_99:原铁道部部长刘某军一案调查工作已基本结束。经调查,其不仅给国家造成数千亿的经济损失,还道德败坏。建议审理此案的检察机关,为了国家的荣誉以及在各级党政机关以正视听,平复百姓怨恨。

gasd369:十年前东沟镇人民政府受省委批示,重建的房屋,至今还是既无门窗,又无粉刷,任凭风吹雨打,面临倒塌的毛坯房! 导致(受益人)至今还在北京求助上访……①

(2)社群成员社会行为的响应性。社群成员社会行为的响应性,是指社群成员受社区舆论的影响而在现实社会中采取的实际行为。例如,前述所提到的"驴友"、团购等行为,但他们的响应往往只是经济行为。而在本节中,我们所关注的是对社会运行面的影响。观察上述天涯社区帖子,可以发现,尽管社群成员发出了类似鼓动的帖子,但其他成员的反应还仅仅局限于转发和评论,只是扩大了相关信息的传播面,并没有采取实际行为。但需要注意的是,在对其他网络社群评估时,尤其是在某些敏感或关键时期,某些网络社区所发布的信息往往能因此产生巨大的社会反响,影响正常的生活和运行。

研究网络社群成员社会行为响应性的方法需要进行长期的嵌入型观察,即加入所观察的社群,并进行经常性的互动,来获取相关数据,但由于时间关系,本研究对上述天涯社区和社群成员仅进行了为期三个月的观察;同时,在研究中,我们也借鉴了天涯热门微博子栏目自己的统计分析材料。

对上述子栏目的观察分为两个方面,一是对某些请求或鼓动性发帖的网络反应所间接导致的社会反映;二是对上述发帖的直接社会反应。与第一个方面相对应的第一类行为,需要跟帖者借助现实社会的知识或

① 《呈请关注:东沟镇人民政府导致长期在京上访的毛坯房!》,载天涯论坛 2021 年 9 月 10 日,http://bbs.tianya.cn/post-free-6193876-1.shtml,2021 年 12 月 20 日访问。

经验满足发帖人的请求。这类行为需要在解决问题时，回复人动用自身的专业知识、社会背景和已有经验。之后，随着网络舆论的炒作进而引起强烈的社会响应。其行为的顺序是“网络——现实社会——网络——社会”。例如，著名的“周正龙华南虎事件”“郭美美炫富事件”等就是此类事件的典范。前者揭露了周正龙在华南虎拍照过程中的作假行为，最终不但导致自己身陷囹圄，也引起了陕西省林业厅的“官场地震”；而后者的行为不但给中国红十字会带来了巨大的信誉损害，也导致了巨大的经济损失。上述事件的发生具有蝴蝶效应的性质，即首先发帖披露某些负面信息引起网民的围观，并开始借助网民的“人肉”搜索，逐步按照网民的意见倾向“还原”事件真相，从而引起舆论的关注，进而导致社会的关注及相应的社会反应。我们可以将这类事件归纳为，“网上酝酿，网外落实”、虚拟与现实相结合的事件。但需要注意的是，某些事件仅仅局限于网络反应，仅仅引起网络舆论的关注，而并没有对现实社会产生过多的影响和刺激，这类事件可以被称为网络事件。

与第二个方面相对应的第二类行为，是对上述发帖的直接社会反应。这类行为往往是发帖内容具有较强的鼓动性，促使网民或读者采取直接的社会行为，或者是通过发帖酝酿将要采取的行为。在这类事件中，网络社群和网络平台只为发帖人所利用的扩散和传播信息的通道与途径。例如，在最近几次的自然灾害发生时，很多网友就在社群中呼吁成员进行捐款或担任志愿者。同时，在某些时候，也出现负面行为。例如，在最近几年频繁发生的群体性事件中，网络社区的信息播散充当了组织和协调的角色。

2. 网络社群成员发帖的内容倾向评估

网络社群成员发帖的内容倾向评估是根据发帖的文字、图片或视频所作出的意识形态和价值倾向的分析和评价。本部分运用语言学研究中的词频分析方法及文本中的关键词提取方法，发现社群成员发帖的价值倾向。

(1)词频分析。词频分析是对文本内容关注倾向的发现，下图是对天涯微博单日发帖内容的词频分析。

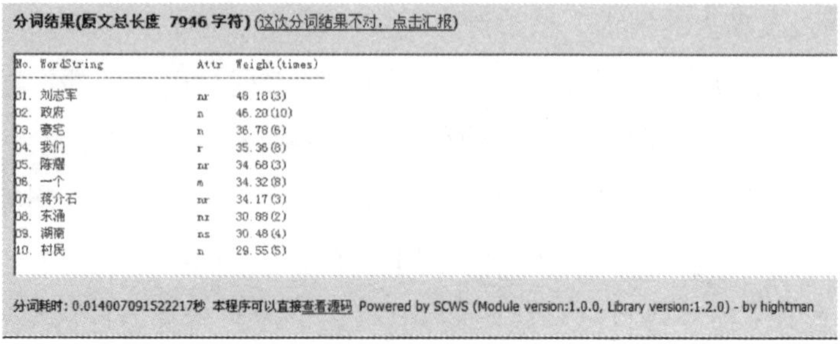

图 9：词频分析截图

（2）关键词提取与事件分析。根据结构主义语言学理论和方法，语句的安排呈现出横组合和纵聚合的结构形态。其中，组合的形式是以“时空环境——施事者——行为——受事者”的方式排列，因此，组合中的施事者、受事者和行为构成了事件本体结构，再添加时间、地点等要素，就可以形成完整的事件分析模式，进而构建行为图谱或事件图谱，进行基于行为和事件的分析模式。下述以对《“逍遥镇胡辣汤潼关肉夹馍”，小吃店是否侵权？》文本分析为例。[①]

表 9：基于内容分析的事件行为表

事件序列	事件属性	指标	时空环境		施事者		受事者		行为	
1	诱发事件	内容	时间	地点	主体	感知	主体	感知	动作	标的
		关键词	2021.9	河南西化	协会	被侵权	商户	无辜	起诉	接受管理
2	结果事件	内容	时间	地点	主体	感知	主体	感知	动作	标的
		关键词	2021.9	全国	商户	维权	协会	被侵权	投诉	自主经营
3	结果事件	内容	时间	地点	主体	感知	主体	感知	动作	标的
		关键词	2021.11	全国	媒体	维权	协会	不明	暂停	诉讼

再通过三个层次，即“叙述主体——主题关系——态度评价”的分析，可以在掌握文本内容的基础上，把握文本的态度或情感倾向及事件之间的逻辑关系。

① 《“逍遥镇胡辣汤潼关肉夹馍”，小吃店是否侵权？》，载天涯论坛 2021 年 11 月 24 日，http://bbs.tianya.cn/post-free-6198895-1.shtml，2021 年 12 月 20 日访问。

(3)天涯热门微博子栏目发帖的内容分析。运用上述分析技术和研究方法,天涯热门微博子栏目的网络发帖具有下述三个倾向:

一是网络时评人发挥“意见领袖作用”正面引导公众理性思考,表达了积极向上的社会现象或精神风貌。如网民“墨黑纸白”[①]和网民“无相有心”[②]的发言等。

无相有心:2021 年 12 月中旬,西安陆续出现了新冠疫情,这两天又紧张了。不愿用“严重”,不愿用“封城”等让部分时下容易焦虑的人群,肾上腺素激增,血脉喷张。这两天,学校先转线上教学,学生居家上课。隔天免费核酸检测,随时了解、掌握事态发展。之后西安又公布了一些政策,小区(村)、单位等实行封闭管理,每户每 2 天外出采购一次。自我感觉,这一切措施得当有效,结果,被一些人解读为“封城”并且以黑白图片的形式发到网上。圈里也凭空制造紧张气氛,这部分人哗众取宠,煽风点火,都该“打板子”! 无独有偶,在政策公布后,一部分“积极”的人扎堆抢购。突发事件,考验着政府,也考验着我们个体。我们在意外变化降临的时候,应尽量做到冷静分析思考,采取当下最好的方法措施应对。居家线上学习,居家或单位上工,分时核酸检测,同时个人做好自身防护,陪伴引导好孩子,保持平心静气。

二是举报和投诉类网贴,主要是指传播以所谓揭某些事件内幕和真相为名,指责和批评现有政策及社会现象的网络发帖。由于网络的集聚效应,某些地方或领域的单一事件通过网络的汇集,会影响成员或读者对社会现实的认知,从而影响对事物的判断和辨别。如网民“文清851088”[③]、网民“看似情深囤”[④]及网民“ty_144605291”[⑤]的发言等。

---

① 《2018 年一位老人偷猪肉被抓,民警人性化执法获赞》,载天涯论坛 2019 年 11 月 4 日,http://bbs. tianya. cn/post-free-6106498-1. shtml,2021 年 12 月 20 日访问。

② 《十二月疫情中的西安,疫情下的我们》,载天涯论坛 2021 年 12 月 23 日,http://bbs. tianya. cn/post-free-6200767-1. shtml,2021 年 12 月 24 日访问。

③ 《山东龙口的高市长,请听百姓对你有话说》,载天涯论坛 2021 年 12 月 25 日,http://bbs. tianya. cn/post-free-6200886-1. shtml,2021 年 12 月 25 日访问。

④ 《实名制举报武汉市黄陂盘龙城刘店综合改造指挥部否认拆迁事实》,载天涯论坛 2021 年 12 月 25 日,http://bbs. tianya. cn/post-free-6200903-1. shtml,2021 年 12 月 25 日访问。

⑤ 《山东泰安出怪案:全款买房反被害房财两空并判刑》,载天涯论坛 2021 年 12 月 25 日,http://bbs. tianya. cn/post-free-6200888-1. shtml,2021 年 12 月 25 日访问。

三是个人情感和宣泄类网贴，主要是指根据个人生活或工作经历中的体会和感受所表达的情感和情绪。尤其是在疫情背景下，个人情感可以通过表达和交流得到相应理解和认同，从而获得共情、纾解和慰藉。如网民“怪力乱神亚寒带”[①]、网民“ty_万事如意 406”[②]及网民“金又银了”[③]的发言等。

金又银了：店里一批价值四十多万元的手机不见了，一查原来是被店长分批偷走。于是马上报警，派出所也出警将店长带回派出所询问，店长承认这批手机是他拿了，并在民警的协助下，将手机款追回。然后派出所民警向报案同事表明，店长的行为不构成犯罪，不予立案，同事要求派出所民警开具不予立案证明，被拒绝后并将店长放了。店长私自将店商品“偷”出店外，竟然不算犯罪，如这事传开，每个店员都效仿，公司财产安全怎样才能保障？民警解释，店长有钥匙，就不构成犯罪。店员多次拨打监督举报电话，却石沉大海，又找了检察院，检察院声明要凭派出所不予立案的证明，他们才受理。

在上述子栏目所发的帖子中，具有第二种思想情感倾向和第三种行为倾向的都占有相对较大比例，但在上述三种倾向中，也只有第二种对网民的影响最为严重，影响着其他网民对政府政策及一些社会现象的认知。因此，在对网络社群的评估中，应该加强对所发网帖的内容分析和管理。

五、技术、法规和机制：加强网络社群的导控对策

近十年来，以网络信息为突发点所引起的网络事件、网络群体性事件及参与的现实社会的突发事件越来越多，呈现出明显的上升趋势，意味着虚拟世界的信息传播对现实世界的社会生活的干预越来越强。因

① 《发现老公外边有人了，我要离婚》，载天涯论坛 2021 年 12 月 25 日，http://bbs.tianya.cn/post-free-6200872-1.shtml，2021 年 12 月 25 日访问。

② 《一个母亲的心酸和无奈》，载天涯论坛 2021 年 12 月 25 日，http://bbs.tianya.cn/post-free-6200911-1.shtml，2021 年 12 月 25 日访问。

③ 《去派出所报案好难！》，载天涯论坛 2021 年 12 月 25 日，http://bbs.tianya.cn/post-free-6200909-1.shtml，2021 年 12 月 25 日访问。

此，采取相应措施和方法加强对网络社群、网络社区和网络社团的监控的必要性和紧迫性也愈加明显。

网络社群导控是在网络社群评估的基础上，对网络社群行为实施的监督、引导、控制等技术与方法的总和。网络社群导控是本章研究的重点，是在对网络社群形态和类型分析、风险评估的基础上的应对行为，主要内容可从四个方面展开：一是网络信息技术的创新与整合；二是国家有关法律法规的整合；三是相应的机制和体制建设；四是整合与加强关于网络社会组织的理论研究，以理论创新来推动网络社会组织的监督与管理。

（一）网络信息技术的创新与整合

由于网络社群是以网络社区为平台，以网络信息技术为支撑形成的一种弱联系，因此，与现实社会的组织网络相比较，应该通过网络信息技术研究，强化和创新网络社群的监控工作。主要包括如下内容：

1. 网络社会组织的发现技术

从信息技术的角度来讲，社会组织（或群体、黏着子图），是指一个内部节点连接十分紧密或者说很黏着的子图。基于网络信息传播的特点，其中的网络组织具有小世界、[①]度关联性、聚类性和无标度性等基本属性。[②] 根据相关研究，网络社会组织的发现技术主要有网络社团结构的探测研究及网络社团结构的挖掘研究等，借助于物理学、化学和数学的相关研究，开发了如下方法：

（1）层次社团检测方法，可以分为分裂方法和凝聚方法两种策略。

（2）图分割中应用最为广泛的谱方法。

（3）基于物理学理论的方法，包括基于流的方法、基于电路的方法及基于动力学的方法等。

---

① Boccaletti S, Latora V, Moreno Y, Chavez M, *Hwang D U. Complex networks: Structure and dynamics.* Phys. Rep., 2006, 424(4): 175-308.

② Danon L, Duch J, Arenas A, Diaz-Guilera A. *Community structure identification*, COSIN Book, 2005.

(4)基于模块化函数 Q 的方法。①

2. 网络社会组织的测度方法

从社会学的角度来看,网络社会组织是社群成员之间的关系的集合。正如马克思所说,“人的本质……是一切社会关系的总和”。换句话来讲,网络社会组织就是网络中的行动者之间相互连接而形成的社会网络,而行动者和关系是构成社会网络的主要要素。目前的社会网结构研究以行动者为点,以联系为线,通过对点、线的连接分析,发现网络的结构形式和组织内的密度及中心度等。现有技术已经形成了相关软件,大概有 20 多种,常用的软件主要为 MultiNet、NetMiner、Pajek、STOCNET、STRUCTURE 和 UCINET 等。上述软件不仅实现了对社会网络的分析,而且实现了分析结果的可视化。②

3. 管理信息系统或管理平台的构建

网络社群或网络社团及网络社会组织的发现、追踪和观察基础是一项长期的、常态化工作,因此,应在整合现有技术的基础上,建立社会组织的观察与监督体系。截至 2020 年底,我国共有登记在册的社会组织已经超过 90 万个,③其中并不包括相关的网络组织。社会组织具有较大的组织能力,同时也具有一定的管理职能,尤其是网络社会组织,由于信息传播快捷、广泛及参与人员的复杂,因而有着更为强大和广泛的社会影响力。因此,借鉴公安部门和国家税务部门建立相应的社会组织管理信息系统及网络社会组织的观察系统,我们也可以了解和掌握网络社会组织发展的状况和动态。

近年来,各地民政部门和社会团体管理部门都建立了社会组织的网络公共平台,通过信息服务的手段,加强了目前社会组织的管控工作。但就当前平台的信息构建结构来看,其中登记和管理的组织多是实体组织,而且其登记形式也以被动接受登记为主,没有对网络社会组织的主

① 杨树忠:《复杂网络中的社团检测问题研究》,北京交通大学 2009 年博士学位论文。

② 王陆:《典型的社会网络分析软件工具及分析方法》,载《中国电化教育》2009 年第 4 期。

③ 王勇:《我国社会组织登记总数已突破 90 万家》,载中国财经网 2021 年 1 月 28 日,https://www.3news.cn/yaowen/2021/0128/507251.html,2021 年 12 月 25 日访问。

动发现和管理。因此，应在现有的平台架构中，安装相应的插件，开展下述两项工作：一是加强对现有实体社会组织的网络行为的观察和管理；二是强化对网络社群的发现、探测及相关信息的评估和预警，以防止网络社会组织发展的失控和失察。

(二)国家有关法律法规的整合

在对网络社群成员发帖内容的评估中，可以看到，现在关于时局、时政及意见交流的社区，所发网帖的相当部分为举报和投诉。尤其是一些网络谣言的传播对社会的影响更为严重。2012 年 9 月，因印度东北部阿萨姆邦土著与穆斯林移民于 7 月下旬爆发的种族冲突事件，印度西部与南部各大城市有传言称当地穆斯林将对原籍为阿萨姆邦的人进行报复，导致了大批阿萨姆邦人从这些地区逃离。[①] 新冠疫情暴发以来，多地都出现了疫情谣言，影响了社会的正常秩序和公众的日常生活。[②] 因此，整合相关法律法规，规范网民的网络行为成为目前紧迫的任务。

整合国家相关法律法规应从组织、平台管理及行为管理两个方面入手。

1. 完善关于网络社区、网络社团建设管理的法律规范

目前，对社会组织的管理依据主要是由国务院 1998 年制定颁布的《社会团体登记管理条例》、民政部制定颁布的《社会组织登记管理机关行政处罚程序规定》、《社会组织评估管理办法》和《社会组织登记档案管理办法》及其他针对社会组织和社会团体的相关政策和法规。

就现在的政策法规来看，尽管有不同的部门和机关对自己行业的社会组织和社会团体制定了管理制度，但对社会组织和社会团体的网络运行及本行业网络社会组织的管理仍缺少法律法规的支持，因此形成了法律法规管控的空白区。

---

① 《网络谣言引发印度东北部人大逃亡带给人们什么启示?》，载新华网 2012 年 9 月 30 日，http://news.xinhuanet.com/theory/2012-09/10/c_123694738.html，2021 年 9 月 30 日访问。

② 《警方公布 10 起网络谣言典型案例》，载搜狐网 2020 年 2 月 5 日，https://www.sohu.com/a/370826055_115635，2021 年 12 月 25 日访问。

2. 加强对网民信息行为的引导和管理

作为网络行为的主体和网络社会组织的主要构成要素,其信息行为在目前往往处于一种自发状态,需要通过相关法律法规的管理,并建立积极向上的网络文化氛围。目前,从法律建设层面上讲,关于网络管理及信息管理的法律法规相对健全,如《全国人民代表大会常务委员会关于维护互联网安全的决定》、《互联网信息服务管理办法》,以及《互联网新闻信息服务管理规定》等,但对网民信息行为管理的法律法规散见于不同法律文件,如信息法、刑法等,因此,梳理整合现行法条法规、明晰网民的行为规则,对规范网民的行为至关重要。而从网民的实际行为层面上讲,由于网络的虚拟性特征及较大的自由度,很多网民在网络发帖中往往失去对所发意见和观点的理性控制,而目前法律条文的模糊和缺失则助长甚至纵容这种趋势的扩展,如人肉搜索、不良信息传播等网络社群的灰色信息行为。因此,应在加强法律法规建设的基础上,明确网络社群及其成员的行为规范,为相应管理行为提供规范依据,构建科学合理的管控机制,形成良好的网络文化氛围,使之成为进行知识交流、信息交流的学习社区、生活社区和休闲社区,成为和谐社会的重要组成部分。

(三)监控机制建设

网络信息技术的创新与整合为网络社群监控提供了技术支撑,法律法规的建设和完善为网络社群监控提供法理的支持和依据。总结和分析近年来的网络事件,以及由网络事件引发的群体性事件,网络社群的监控机制体系应包括如下方面。

1. 信息共享机制

网络社群或网络社团的管理涉及不同的部门和机关,如公安机关、宣传部门、文化部门,以及教育和民族宗教部门等。因此,信息的沟通和交流是进行监控的基础和前提。但就目前情况来看,对网络社会组织及其行为的监控存在着过分强调信息权利而导致"信息孤岛"的现象,即每个部门往往将所掌握的相关信息据为己有,从而忽略了部门之间的信息沟通与交流。因此,为了突发事件的应急反应及风险预警,应该加强部门之间的协调对接与信息共享。

网络社会组织的信息共享应该首先建立以民政部门为主的信息收集和分析的平台，以征集和收集网络社会组织的信息和实体组织的网络运行信息，并根据需求给予不同单位和部门使用权限，从而通过信息共有实现信息共享，实现对网络社会组织运行及其相关行为进行实时了解和监控。

2. 网络社区评估机制

网络社区评估，是指以构建和谐与安全网络社区为目标，进行网络社区评估工作，进而了解网络社区的组织规模、发展程度、信息内容，以及社区成员的组织、活动及行为模式。在实际操作中，相关管理部门应该广泛开展第三方评估工作，根据管理部门所设置评估指标和要求，进行网络社会组织或团体的等级评估，以对上述组织实施分层分级管理工作。

网络社区的评估可以分为两种不同的对象：一是意见领袖或频繁发帖人的网络行为及发言内容；二是对社区组织或团体成员组织结构或行为。

3. 风险预警机制

风险预警，是指根据网络社群的社会效益评估和影响力评估对有关网络社群从事某种违反法律法规和社会安全可能性作出的判断。风险预警体系将通过积分预警确立预警等级或建立网络社群的危险指数，为实施相关行为举措提供决策依据。风险预警工作的基础存在于两个方面：一是建立网络安全事件的解剖分析体系，总结已经发生网络事件的经验和教训，形成风险评估和预警的指标体系；二是通过信息共享对网络社区信息行为的掌握和了解，建立风险积分。以上述工作为基础，通过网络社会组织的风险积分来分析和判断网络社会组织和团体的行为倾向，为监控措施和行为提供依据。

4. 应急反应机制

应急反应，是指在突发危及国家安全、社会安全与稳定的事件时，根据相关程序和预案要求，对相关网络社群或网站所采取的行为选择。根据国家关于处理应急事件处理的相关规定，形成非常状态下针对网络社会组织和团体的处置办法。近年来，由于网络信息传播对现实社会的干预越来越强，因此，应该建立特殊状态下对网络信息传播、网络社会组织的管控方案和措施。

5. 重点网络组织和团体的监控机制

重点网络社会组织和团体，是指在以往的网络事件中曾经产生负面作用或者风险预警积分较高的组织或团体。尤其是近年来，国外宗教的渗透及国内非法宗教的传播非常猖獗，同时，一些国外的组织和团体也通过一些慈善社区、"三农"社区，以及培训教育的社区进行灰色、黄色及反动信息的传播。因此，应该通过风险评估对重点网络社区和组织进行监控，以净化网络氛围。

同时，网络社群风险评估和导控的运行需要建立与之相适应的机制建设：一是网络社群管理人力资源建设与网络社群管理机构的设立。前者需要掌握网络技术、国家法律法规、社会管理等领域知识和技能的复合型人才；后者需要建立层次清晰、结构合理、责权分明的组织机构，以加强对网络社群的监督与管理。

二是网络社群的导控往往涉及不同的专业领域和管理部门，在实际操作中，应以解决问题为导向，进行机制体系的顶层设计，通过信息共享和协调对接，形成公安、信息管理等部门的合力，实现对网络社群的有序管理。

六、小结

近年来，网络社群已经成为网民的主要组织形态，并通过舆论表达、信息传播等方式积极参与社会公共事务和经济活动，并对现实社会产生了巨大影响和冲击。首先，本章以天涯微博为对象的研究发现，目前网络社群主要分类三个类型：基于突发事件或话题应激产生的网络联系讨论关系、基于知识和意见交流形成的网络关系，以及意见领袖为带领的网络群体。而社群成员之间主要是讨论关系、信息关系和帮助关系。其次，从社群的规模（人员数量与资源数量）、社群成员的关系密度，以及社群的组织化程度与复杂度分析上述社区网络社群的发展程度，以网页总数，即链接总量外部链接为基准分析了上述网络社群的网络影响力；并根据网络社群成员与现实社会的互动倾向、社群成员发帖的行为倾向、社群成员社会行为的响应性和网络社群成员发帖的内容倾向进行网络社群社会效益评估。最后，根据上述分析和研究提出了有针对性的意见和建议，整合与创新现有网络信息技术，构建网络社群或团体管理信息系统或管理平台、整合现有法律法规，以及构建以信息共享机制、网络社区评估机制、风险预警机制、应急反应机制和重点网络组织和团体为核心的监控机制体系。

第三章　互助型组织：务工群体服务组织的治理

一、问题与方法

农民工是指具有农村户口身份却在城镇务工的劳动者，是中国传统户籍制度下的一种特殊身份标志，是中国工业化进程加快和传统户籍制度严重冲突所产生的客观结果。[①] 农民工是我国社会主义现代化建设过程中出现的一个特殊群体，一般分为两类：一是“离土不离乡”，主要指受雇于本乡或本村企事业单位工作的农民工，称为本地农民工；二是“离土又离乡”，主要指受雇城市企事业单位和从事个体经济活动的进城农民工，称为外出农民工。[②] 根据国家统计局的监测数据显示，2020年农民工总量已达2亿8千多万人，其中，本地农民工1亿1千多万人，外出农民工1亿6千多万人。[③] 但无论是采用何种方式，他们用自己的肩膀扛起了中国经济的繁荣，[④]创造了令人称羡的“中国奇迹”。[⑤]

自农民工群体出现以来，其自身法律意识淡化、工会组织行政化、政府社会管理理念滞后、公共服务职能不到位等使农民工的合法权益屡遭侵犯、合法权益难以得到有效的保障。以近十年劳动与社会保障部门所受理的劳动争议案件数量为指标，可以看出，农民工合法权益遭受侵害的案件数量逐年攀升，主要表现在超时加班、无劳动合同、拖欠工资及工

---

① 郑功成：《农民工的权益与社会保障》，载《中国党政干部论坛》2002年第8期。

② 杨思远：《中国农民工的政治经济学考察》，中央民族大学经济学院2005年博士学位论文。

③ 《2020年全国农民工监测调查报告》，载国家统计局2021年4月30日，http://www.gov.cn/xinwen/2021-04/30/content_5604232.htm，2021年12月25日访问。

④ 郑功成、黄黎若莲：《中国农民工问题与社会保护（上下）》，人民出版社2007年版。

⑤ Smith, M., College, A., Zhang, H., College, C. (2007), *Labor Conditions and Indigenous NGOs in the Pearl River Delta*, ASIA Network Exchange, Spring, pp. 19-21.

伤事故等方面。[①] 上述现象激发了农民工对利益表达的需求。

服务农民工组织正是在这一前提下应运而生。在现实生活中，服务农民工组织在表达农民工诉求、协调具体利益关系、化解社会危机因素等方面，日益发挥着重要作用，并呈蓬勃发展之势。目前，仅在广东省珠三角地区就有10余家这样的组织，如深圳市外来工协会等。因此，根据实际情况，研究服务农民工组织的存在形态、社会效能和类型体系，分析组织的制度环境和资源供给，构建组织的评估体系，进而提出社会组织的管理和发展体系应成为社会组织管理创新的重要课题。

服务农民工组织是众多社会组织和民间组织的重要组成部分。由于其服务对象为农民工，又称为"农民工NGO""农民工维权组织"，以及"农民工非政府组织"等（为行文方便，本章将其简称为农民工社会组织），是指主要为农民工（含所谓新生代农民工）及其家庭直接提供服务的公益性组织。其表现形式既可以是现实社会的实体组织，也可以是虚拟社会的网络组织，具有下述四个特点：（1）民间性，即这类组织不是由政府主持成立的，是民间社会的自发行为，但同时也包括基层政权"工青妇"等群团组织利用政府以外的资源推动成立的组织；[②]（2）公益性，即这类组织不是营利组织，而是非营利的服务组织；[③]（3）直接性，即这类组织将直接为农民工提供培训、咨询、维权、娱乐等服务，不包括间接服务于农民工的组织，如学术研究机构、政策倡导者和活动组织者等；（4）针对性，即这类组织主要针对农民工及其家庭开展业务活动，不包括在部分工作涉及这类群体的组织。[④] 以上述概念为标准，我们通过网络检索和专家咨询等方式方法，拟定27家农民工社会组织作为研究对象及6家管理部门作为访谈对象。

本部分根据农民工社会组织的数量、作用和影响分别选择北京市和广东省的珠三角地区作为调查重点，进行两个方面的调查研究：一是田

---

① 郑功成、黄黎若莲：《中国农民工问题与社会保护（上下）》，人民出版社2007版。

② ［美］莱斯特·M. 萨拉蒙：《全球公民社会——非营利部门视界》，贾西津、魏玉译，社会科学文献出版社2002年版。

③ 赵黎青：《非政府组织与可持续发展》，经济科学出版社1998年版。

④ 罗观翠、顾江霞：《华南农民工NGO的组织环境分析》，载《青年研究》2008年第10期。

野调查，通过问卷调查、深度访谈和座谈，收集有关农民工社会组织社会认知、生存状态、存在困难和发展愿景方面的数据和信息；二是文献调查，收集相关部门关于社会组织的法规制度、农民工社会组织运行的规章规范、活动资料和具体案例。

在具体调查中，我们主要采用了下述四种方法：一是面对面访谈（face-to-face interviewing），本研究主持人和参与人分别走访了北京市义联劳动法援助与研究中心等4家农民工社会组织，以及中华全国总工会理论研究所等6家政府管理部门；二是电话访谈（telephone-interviewing），本研究主持人和参与人通过电话访谈，调查了苏州工友家园等2家农民工社会组织；三是网络调查（internet-surveying），研究人员通过网络检索，收集了农民工在线网[1]、苏州工友家园[2]、农民工法律援助网[3]、工伤赔偿网[4]，以及草根之家等21个服务或辅助农民工的网站等；四是已有数据及资料分析（second-hand data analysis），整理、分析并借鉴相关机构与部门的数据与成果，深化或拓展课题研究，如中国NGO发展报告等[5]。

以上述资料和数据为基础，通过数据分析、文本分析和行为分析，研究农民工社会组织的存在形态和类型体系，分析组织的制度环境和资源供给，构建组织的评估体系，进而提出组织管理与发展机制和模式。

二、农民工社会组织的存在状态

农民工社会组织的生存状态是本章研究的基础和逻辑起点。通过网络检索、专家访谈及田野调查，我们从组织名称、成立时间、注册方式、服务地点、员工数量、资金来源、合作伙伴、社会功能和开展活动九个方面收集了27家农民工组织的相关资料。本部分将以此为样本，通过资料整理与数据分析，在了解农民工社会组织基本概况的基础上，重点从

① 参见农民工在线网站，http://www. zgnmgw. com/portal. php，2021年9月30日。
② 参见苏州工友家园站，http://suzhougongyou. blog. 163. com/，2021年9月30日。
③ 参见农民工法律援助网站，http://www. zgnmg. org/，2021年9月30日。
④ 参见工伤赔偿网站，http://www. ft22. com/，2021年9月30日。
⑤ 详细参见网站：www. chinadevelopmentbrief. cn.

组织形态、运行状态和类型定性三个方面开展农民工社会组织的存在状态研究。

（一）服务农民工社会组织的基本发展情况

根据中国社会科学院大学及社会科学文献出版社发布的《社会组织蓝皮书：中国社会组织报告（2020）》的数据显示，截至2019年底，全国共有民间组织86.63万个，[①]涵盖了各行各业，逐渐成为我国国家治理体系和治理能力现代化的重要主体之一，在构建新发展格局的过程中发挥着越来越重要的作用。服务农民工组织作为其中的一部分，也日益发挥着维护农民工权益、协调组织管理的重要职能。本部分将从服务农民工组织成立时间分布、空间分布、资金来源及职能定位四个方面进行初步分析，以了解农民工组织的基本状况。

1. 服务农民工组织成立的时间特征

资料显示，最早注册的农民工组织出现于1996年，分别是由全国妇联和中国红十字会等资助成立于北京的“打工妹之家”及成立于广州的“女工关怀”。进入二十一世纪后，随着农民工权益被侵害现象的日益突出，以及管理政策的宽松，农民工社会组织进入了一个快速发展期。上述数据也与劳动与社会保障部门受理劳动争议案件数量增加的轨迹相吻合。这一现象也表明，农民工在与雇佣方的博弈中，其弱势群体地位所带来的侵害并没有获得国家政府部门及群众团体的足够救济，因而催生了相应民间组织的发展，以借助外部资源和力量获取救助。

2. 服务农民工组织的地域分布

根据国家统计局《2020年全国农民工监测调查报告》中的统计数据显示，近两年来，在东部地区务工的农民工达1亿5千万人，占农民工总量的53%，主要分布在广东、浙江、江苏、山东、北京、上海等省市。[②] 服

---

① 《〈社会组织蓝皮书：中国社会组织报告（2020）〉：我国各类社会团体未来将会对就业做出更大贡献》，载中国经济网2020年11月2日，http://www.ce.cn/cysc/zljd/qwfb/202011/02/t20201102_35963851.shtml，2021年12月25日访问。

② 《2020年全国农民工监测调查报告》，载国家统计局2021年4月30日，http://www.gov.cn/xinwen/2021-04/30/content_5604232.htm，2021年12月25日访问。

务于农民工的相应组织也主要集中于上述省市,其中,作为“农民工吸纳大省”的广东最多,达到 13 家。北京是全国的政治、文化、国际交往和科技创新中心,既拥有多达 350 万人的农民工、510 余万的流动人口,同时,也具有高素质的人才资源与社会资源,共有 10 家农民工组织在北京开展工作,以期提高影响力、辐射力和示范作用。[①] 另有 7 家农民工组织开设于长三角地区、山东省与辽宁省。

3. 服务农民工组织的资金来源

充足的经费是农民工社会组织运行的基础和保障。根据资料统计和分析,我们可以得知上述团体和组织主要依靠服务咨询收费、机构负责人的自有资金及境外基金会资助。

在所调查的 27 家农民工社会组织中,有 9 家组织和团体,占总量的 33%,全部依靠咨询服务费用及组织负责人的自有资金推动机构的运行。其中,“打工妹之家”“北京农家女文化发展中心”“南京市协作者社区发展中心”“北京义联劳动法援助与研究中心”,以及“北京致诚农民工法律援助与研究中心”5 家组织获得了国内组织和机构的资助。剩余的 13 家组织和团体全部依靠国外和境外的经费资助以维持机构的运行,占总量的 48%。

农民工社会组织自募资金主要通过三种渠道和方式获得。一是机构或组织主持人的私有资金或捐款。如北京的“农家女实用技能培训学校”的第一笔资金来自举办者义卖自己的 106 件陶艺品所得。二是来自社会各界及其组织成员的捐赠。如广东的“蓝衣工人合作社”的主要资金来源于其成员的捐助,并专门在其主页开设了“捐赠公示”窗口。[②] 三是来自组织的服务收费及经营所得。为了维持组织运行的基本资金需求,“河南省籍北京同乡会”以收取咨询费的方式获取所需经费;北京的“工友之家文化发展中心”通过开办的“同心互惠商店”进行二手物品

① 《2020 年全国农民工监测调查报告》,载国家统计局 2021 年 4 月 30 日,http://www.gov.cn/xinwen/2021-04/30/content_5604232.htm,2021 年 12 月 25 日访问。

② 《蓝衣工人合作社简介》,载蓝衣工人网 2013 年 5 月 27 日,http://lygr.org/daohang/jigoujieshao/jigoujianjie/2011-10-23/35.html,2021 年 12 月 25 日访问。

交易，既减少社会资源浪费，帮助打工者降低生活成本，又获得了一定的运营费用；江苏的“苏州工友家园”以网站广告的方式获取运行资金。[①]

资助农民工社会组织的国外和境外机构、组织和团体共有 20 多家，主要有世界银行、环球妇女基金会、福特基金会、加州大学伯克利分校、微软公司、埃克森美孚、美国镁铝、德国基督教发展服务社、德国米苏尔基金会、德国罗莎卢森堡基金会、日本驻华使馆、亚洲基金会、我国香港特区乐施会、儿童乐益会、我国香港社区伙伴及新公民计划等。其中，资助对象最多的有 3 家，主要是我国香港乐施会，资助了 8 家组织和机构；世界银行，资助了 5 家机构和组织；福特基金会，资助了 4 家机构和组织。从国家和地区来看，来自美国的捐赠机构和团体共有 8 家，德国 4 家，我国香港特区 4 家。

与国外相比，国内参与捐赠的组织和团体共有 8 家，即全国妇联、中国红十字基金会、中国法律援助基金会、中国人口基金会、北京法律援助基金会、李连杰“壹基金”基金会、南都基金会及江苏省慈善总会。需要指出的是，上述现象的出现并非国内相关团体和机构的缺位或不作为，而是资助方式、资助载体和资助渠道的差异。近年来，中华全国总工会、全国妇女联合会，以及中国共产主义青年团等团体和机构利用自身的组织优势、资源优势，以及舆论优势相继推动下属部门和组织开展了帮助农民工维权及农民工子女教育的活动，如各级工会部署组织的农民工工作、[②]河南省息县专门驻外维权机构，帮助维护农民工合法权益[③]及各级共青团和高效组织的关爱农民工子弟活动等。[④] 需要注意的是，鲜见国内的大中型企业，尤其是国有企业，对上述组织的资助和帮助。

---

① 《苏州工友家园简介》，详细见 http://www. szgr. org/Item/Show. asp? m = 1&d = 7，2021 年 12 月 25 日访问。

② 《上海工会 2013 年农民工工作要点》，载上海市总工会官网 2013 年 9 月 30 日，2021 年 12 月 25 日访问。

③ 胡巨成：《息县驻外维权组织帮农民工维权，一年解决侵权案件 60 多起》，载河南政府网 2013 年 4 月 30 日，http://www. henan. gov. cn/jrhn/system/2013/04/30/010389746. shtml，2021 年 12 月 25 日访问。

④ 《关爱农民工子弟，北航公益社团组织高校行》，载新华网 2013 年 9 月 30 日，http://edu. qq. com/a/20121120/000274. htm，2021 年 12 月 25 日访问。

4. 服务农民工组织的职能定位

一般认为，农民工社会组织的职能定位主要体现为维护合法权益、促进就业、社会保障及教育培训四个方面。[①] 本节根据 27 家农民工组织所制定的活动宗旨、目的及实际开展的活动为对象，通过文本分析与细化归纳，形成农民工社会组织的职能定位体系。（见表 1）

表 1　服务农民工组织的职能分析

数量 项目 组织名称	法律援助	教育培训	志愿工作	就业咨询	法律咨询	医疗救助	纠纷调解	文娱休闲	立法研究	经济援助	疾病防治
打工族服务部	1	1	1	0	0	0	0	0	0	0	0
当代社会观察研究所	0	1	0	0	1	0	0	0	0	1	0
打工者职业安全健康服务中心	0	0	0	0	1	1	0	0	0	0	0
龙华爱心之家	0	1	0	0	1	0	0	0	0	0	0
志强信息咨询服务部	0	1	0	1	0	0	0	0	0	0	0
安康职业安全服务部	0	1	0	0	0	0	1	0	0	0	0
珠江工友服务中心	1	1	0	0	0	0	1	0	0	0	0
春风劳动争议服务部	1	0	0	0	0	0	1	0	1	0	0
青岛小陈热线	1	0	0	0	1	0	1	0	0	0	0
女工关怀	0	1	0	0	0	0	0	0	1	0	0
北京工友之家文化发展中心	0	1	0	0	0	0	0	0	1	0	0
北京农民之子文化发展中心	0	1	0	0	0	1	1	0	0	0	0
农家女实用技能培训学校	1	1	0	1	1	0	0	0	0	0	0
北京义联劳动法援助与研究中心	1	1	0	0	0	0	0	0	0	1	0
小小鸟打工互助热线	1	1	0	1	1	0	0	1	0	0	0
打工妹之家	1	0	0	0	0	0	0	0	0	0	0
北京农家女文化发展中心	1	1	0	0	0	0	1	0	0	0	1
小小鱼劳工服务部	1	1	0	0	0	0	0	0	0	0	0
苏州工友家园	0	1	0	0	0	0	0	0	1	0	0
草根之家	0	0	0	0	0	0	0	0	1	0	0
致诚农民工法律援助与研究中心	1	0	0	0	1	0	0	0	0	1	0

① 潘磊：《我国农民工非政府组织的职能定位与发展路径研究》，兰州大学 2009 年硕士学位论文。

（续表）

数量 项目 组织名称	法律援助	教育培训	志愿工作	就业咨询	法律咨询	医疗救助	纠纷调解	文娱休闲	立法研究	经济援助	疾病防治
北京在行动国际文化中心	0	1	0	0	1	0	0	0	0	0	0
蓝衣工人合作社	0	1	0	0	1	0	0	0	1	0	0
深圳市红花草工人帮扶机构	1	0	0	0	0	0	0	1	0	0	0
珠海协作者	0	1	0	0	0	0	0	0	0	0	0
南京市协作者社区发展中心	0	1	1	1	1	0	0	1	0	0	0
河南籍北京同乡会	0	0	0	1	1	0	0	0	0	0	0
合计	12	19	2	5	11	2	6	3	5	3	1

正确且恰当、合适的职能选择与定位是决定农民工社会组织生存和发展的重要考量。近年来，随着社会的发展以及农民工组成人员的低龄化及文化程度的提升，外出务工人员对农民工组织的需求与要求也逐步呈现“服务内容多元化、服务方式多样化”的趋势。与此相对应，农民工社会组织也在不断地调整着自身的供给内容与供给方式。以表 1 的整理与分析为基础，我们可以根据数值的高低依次排列出农民工社会组织提供的服务内容及其所占比例。（见图 1）

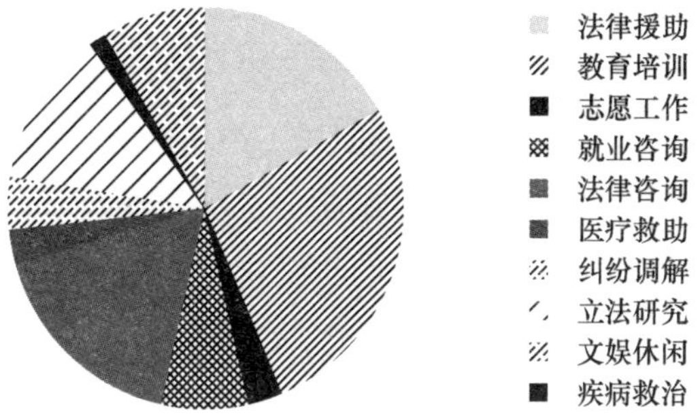

图 1　服务农民工组织的职能与定位分析

图 1 显示，现有农民工社会组织的主要职能是满足农民工技能或能力的培训与学习的需求，而且教育培训内容呈现出多样化的形态。如“打工妹之家”与“北京农家女文化发展中心”近年来开展的农村妇女扫盲及生育健康教育；“青岛小陈热线”开展的女性生殖健康教育活动等。

同时,法律救助及法律知识的咨询也是农民工在现实生活和工作中所要面对的重要内容。在27家农民工组织中,共有12家定位于提供法律援助、11家将提供法律咨询作为自己的重要职责。这一方面的代表性组织是"北京义联劳动法援助与研究中心"与"致诚农民工法律援助与研究中心"。需要注意的是,"北京义联劳动法援助与研究中心""致诚农民工法律援助与研究中心",以及"当代社会观察研究所"在为农民工提供法律援助、法律培训和法律咨询的同时,大力开展立法倡导,积极建言献策,推进公共政策与法律的进步。义联劳动法援助与研究中心专家应多个部委的邀请,先后参与劳动合同法、劳动争议调解仲裁法、社会保险法、职业病防治法、《工伤保险条例》等方面的立法研讨活动,提交立法建议15份。[①]

与以往调查对比,我们可以发现,现有农民工社会组织服务呈现出"个性化"和"小众化"现象,强调机构或组织的特殊性,形成了专业性强和针对性强的特点。如江苏省的"苏州工友家园"专门提出,其组织的不同之处在于,"以小组活动的方式为打工者开展文化教育方面的服务与培训;以文艺的方式倡导对劳动价值的尊重、认可,培养打工者的自我认同,发出打工者心声;以社区工作的方式推动打工者的社区认同,探索打工者在城市社区互助、支持网络形成方面的可能性;以个案追踪方式关注打工者的劳动权益,给打工者增能、培力、赋权,增强打工者的自信;关注、培养流动儿童的成长与发展,探索新一代打工者在城市的未来发展方向"。[②] 这一现象说明,现有的农民工组织已经吸纳了专业人才,推动了农民工组织服务内容与质量的提升。如"北京义联劳动法援助与研究中心"和"致诚农民工法律援助与研究中心"开展的专业法律服务、"北京农民之子文化发展中心"开展的义诊活动及基础治疗的培训、广州"珠江工友服务中心"开展的职业病预防教育培训活动等。

综合上述分析与研究,可以发现,农民工组织主要成立于2004年至

---

① 北京义联劳动法援助与研究中心:《积极建言献策,参与立法工作》,载北京义联劳动法援助与研究中心官网2013年9月30日,http://www.yilianlabor.cn/women/chengguo.html,2021年12月25日访问。

② 《苏州工友家园简介》,详细见 http://www.szgr.org/Item/Show.asp? m=1&d=7,2021年12月25日访问。

2009年，与农民工的流动方向与聚集地相吻合，集中分布在北京地区、长三角与珠三角地区，其职能主要体现为法律援助、法律咨询与教育培训。同时，根据上述分析，我们也可以发现，33%的农民工组织必须通过自募或自筹资金的方式才能保障组织的运行，48%的农民工组织通过接受国外或境外资助的方式开展工作。

（二）农民工社会组织的组织形态分析

组织形态分析是在微观上对农民工社会组织内在结构形式及其运行特点的发现和总结。北京的"义联劳动法援助与研究中心"与东莞的"蓝衣工人合作社"是为数不多的在民政部门注册的农民工社会组织，前者得到了"中国法律援助基金会"和"北京法律援助基金会"的资助，以维护农民工的合法权益为主要目标和宗旨；后者以自募或自筹资金保持组织的运行，以推动农民工合作的方式，提升农民工生存技能、生存环境与生存质量。两家农民工服务组织处于不同的地域、不同的文化氛围，有着不同宗旨与追求，具有一定的代表性、倾向性和典范性。因此，该研究将以"北京义联劳动法援助与研究中心"与"东莞蓝衣工人合作社"为范例，以农民工社会组织的规章规范和实际行为为对象，通过文本分析和案例分析方法，以组织的成员结构、组织架构和职责配置为对象分析和总结其结构形式和运行状态。

1. 北京义联劳动法援助与研究中心

北京义联劳动法援助与研究中心（以下简称"义联"），成立于2007年10月25日，经市司法局批准、市民政局登记，属于准合法的民间组织，代表了经过民政部门正规注册的"草根NGO"，是国内第一家以维护困难农民工权益为主要内容的专业化劳动法律援助机构。它通过对困难农民工进行法律援助，切实解决了很多劳动争议案件。

（1）机构设置

"义联"内设法律援助部、研究部、项目部、公益法律部、公共事务部5大部门。同时，"义联"还设立理事会。"义联"的组织架构及其相应关系如下（见图2）：

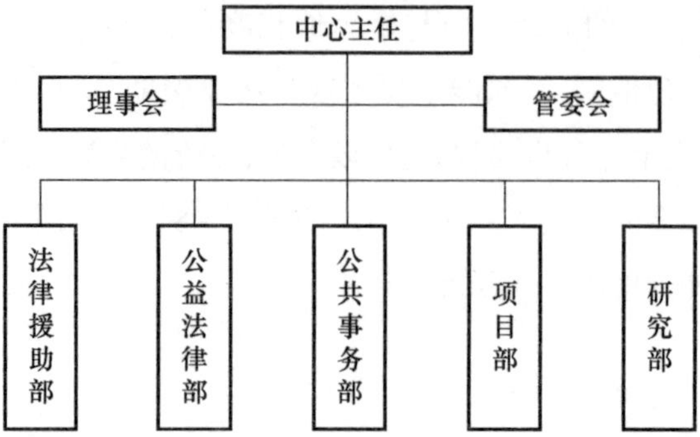

图 2　北京义联劳动法援助与研究中心组织架构图

(2)人员管理

“义联”有较完善的人事管理制度,包括人员的聘用、培训、考核、学习、发展。截至目前,“义联”共有 35 名员工,其中有 15 名研究生、18 名执业律师,先后有 6 名海归博士、硕士进入“义联”工作,“长期”志愿者维持在 10 人以上。“义联”对员工的素质有着较高的要求,提出了员工应该具有四项能力:能干(办理案件),能写(立法研究),能说(法治宣传),能忍(意志品质)。并倡导以“九项品质”为核心的团队文化精神,即“平等待人,爱心至上;艰苦奋斗,节俭为要;超越自我,不断突破;尊重个体,团队优先,以义为本”。

2. 东莞蓝衣工人合作社

以“世界工厂里的劳工公益机构”自诩的东莞蓝衣工人合作社(以下简称“蓝衣工人合作社”)成立于 2007 年。“蓝衣”,特指蓝领工人。该组织以“合作社”的理念致力于劳工合作组织的建立与推动,主张底层工人通过合作来参与市场,从而逐渐改善生存与发展境遇。

目前,“蓝衣工人合作社”的组成机构有:①东莞市蓝衣公益服务中心。注册于东莞市民政局,以青年工人教育为主要工作方向,是东莞市民政局重点扶持发展的十家公益机构之一,并入驻东莞市民政局孵化基地。②深圳市益民社工服务中心。注册于深圳市民政局,以承接企业社工服务项目为主要工作方向。③北京平民教育研究中心。主要工作是梳理中外历史上的平民教育(含职业教育、成人教育、终身教育)的理论与经验,为各种实践提供借鉴并进行经验的理论总结。合作社另有乐队,并推动成立有:蓝衣豆浆生产合作社(俗称“豆浆公社”)、就业合作社、女工手工合作社、法律互助小组等。同时,还建立了“工人口碑网”①,旨在通过工人的评价与选择,形成工人自己的判断,从而在人力资源上向优秀的企业倾斜,既倡导企业社会责任,又使之成为推动产业转型与升级的一种重要力量;并开展“一流的头脑往下走”大中学生冬夏令营活动,结合教育的内容,倡导知识精英“往下走”,通过接触工人,接触底层生活,形成知识精英与底层民众的互相了解,既能够促进新的知识生产方式的形成,又能够打破不同群体间的隔阂,促进互信互助。

“蓝衣工人合作社”内部的主要活动包括四个方面:一是教育培训,在保障工人正常工作的同时,为其提供学习机会。以参与式授课、实战式演练、兴趣小组等方式,整合各种教育资源,将教育融入生活,通过教育培训,增进工人的合作意识、自强意识,同时使他们具备一技之长。二是合作建立,支持和推动工人进行生产和消费合作,解决生计,谋求发展;进行就业合作,参与工资集体协商;进行各种文化合作,砥砺志节,构建属于工人自身的精神文化生活。三是派出企业社工,即把农民工专业服务延伸到企业领域,运用社会工作的方法服务企业员工、管理者和消费者。“蓝衣工人合作社”针对有需求的企业,派驻企业社工作为第三方,通过专业的服务来协助企业文化建设、协调劳资关系,从而促成企业、工人和社会的多方共赢。四是城乡互助,作为回乡创业支持体系的一部分,“蓝衣工人合作社”与地方各级政府、各农民专业经济合作社、各基层公益机构合作,一方面为来自当地的务工者提供城市工作与生活所需的各种帮助;另一方面使回乡创业者能够更快地和当地发展对接。合作社希望借此实现城乡之间的互助与合作。

(1)机构设置

“蓝衣工人合作社”的组织结构由五部分组成,分别是督导顾问团、理事会、监事后援会、执委会及执委会下属的执行团队。“蓝衣工人合

① 详细参见网站:www. grkb. org.

作社”的整个工作团队由著名学者、著名媒体人、三农专家、资深 NGO 专家及政府退休官员组成。(见图 3)

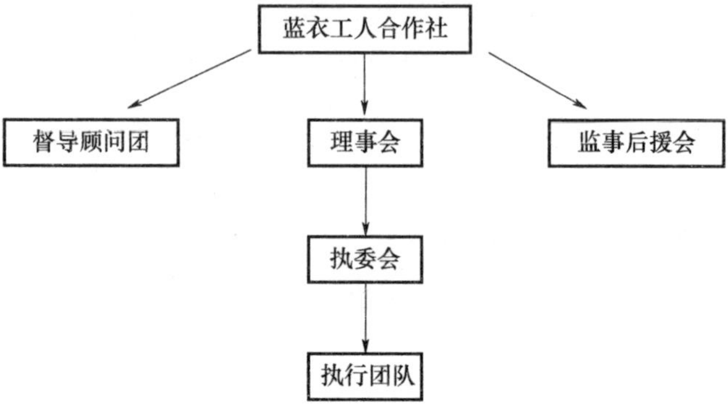

图 3　东莞蓝衣工人合作社组织架构图

(2)人员管理

“蓝衣工人合作社”的工作人员由三部分组成:一是专职工作者,共有 5 人,其中 1 人北京师范大学本科毕业、1 人同济大学研究生毕业、1 人中华女子学院本科毕业,其余 2 人为初中学历,但都具有较高的社会交往与沟通能力,上述 5 人主要负责东莞与深圳两地机构的管理运行及日常活动的处理;二是兼职人员 15 人,分别来自媒体、研究机构、NGO 专家及农民工代表,主要负责组织的规划、活动策划、宣传,以及协助完成合作社的日常活动;三是义工,共有 894 人,分别来自不同的社区或工厂,协助完成合作社的日常活动。

3. 农民工组织的组织形态

从组织结构上看,“蓝衣工人合作社”和“义联”都是简单的“直线式”组织结构,按垂直系统建立管理关系,不设专门的职能机构,自上而下形同直线。其中,“义联”的机构设置主要体现“两条腿走路”的方针:业务部门的专职律师负责法律援助的事务性工作,研究部的工作人员负责理论研究工作。业务部门与研究部的工作内容有交叉的部分,没有详细的分工。

相比而言,“义联”的组织化程度更高,机构设置和人员管理更完善,各部门有更加具体的职责分工。其中,管委会主要负责机构的重大事务决策、宏观策略制定及业务指导，每4个月召开一次管理会议。法律援助部主要负责接待来访和案件代理，同时向海淀区劳动局和工会派遣执业律师当值并接听热线。研究部主要负责项目策划与研究出版。公共事务部门的网络咨询部负责电话咨询、网络推广、统筹、个案代理、培训；行政部负责考勤、行政文档管理、会议记录、餐费补助登记、简报内容收集、出纳等工作。

“义联”与“蓝衣工人合作社”的组织架构形式代表了目前农民工组织的结构形态，即部门设立精炼、部门职责明晰、结构关系简单，突出追求绩效、反应快捷、行动迅速的目标与要求，以最大限度减少管理和运行费用，达到低投入、高效益的运行效果，提升组织或机构的生存发展的能力与空间。

由于规模和实际社会效益的差异，农民工社会组织的工作人员数量也各不相同。单从人员数量上看，北京的“致诚农民工法律援助与研究中心”和“义联农民工劳动法援助与研究中心”的人员是最多的，前者为35人，后者为55人。但从整体上看，农民工组织的工作人员数量还普遍偏低，有10家组织的管理人员不到10人，如江苏的“苏州工友家园”和浙江的“草根之家”都只有4名工作人员。一般来讲，农民工组织工作人员由四部分构成，一是专职管理人员，往往是组织或机构的创立人或合伙人，为组织的核心层；二是聘任的专职人员，负责组织的日常工作；三是兼职人员，负责组织的相关活动或社会关系协调；四是志愿人员或义工。

需要注意的是，近年来，越来越多的高学历人才加入农民工组织中来，如“义联”就吸引了15名研究生参加法律援助工作。同时，越来越多的农民工组织都加强了团队的文化建设，增加团队的凝聚力，激发工作热情。如“北京农家女文化发展中心”倡导的“互助、奉献”的团队理念，“义联”所推崇的“平等待人，爱心至上；艰苦奋斗，节俭为要；超越自我，不断突破；尊重个体，团队优先，以义为本”的团队文化。

（三）农民工社会组织的运行模式分析

本部分以检索到的22家农民工社会组织（剩余5家为打工族服务

部、打工者职业安全健康服务中心、安康职业安全服务部、志强信息咨询服务部与河南籍北京同乡会）的活动、事件和案例为对象，通过对文本内容的关键词分析，首先厘清了农民工组织的活动内容，其次在此基础上，运用语义分析方法，归纳了农民工社会组织的运行模式，并总结了农民工社会组织的基本类型。

1. 农民工社会组织的活动形态

对农民工社会组织活动的报道和记录主要存在于农民工组织网站的"新闻"、"快讯"、"动态"及"案件分析与研究"等栏目。本部分首先复制上述网站的有关文本，运用 ICTCLAS 分词系统进行关键词检索和提取，[①]通过语义聚类，归纳总结了 22 项活动内容。（见表 2）

表 2　农民工社会组织活动内容及类型分析

序号	活动名称	活动类型
1	技能培训	教育培训
2	健康教育	
3	女性教育	
4	青少年教育	
5	法律救助	法律援助
6	法律咨询	
7	纠纷调解	
8	普法宣传	
9	立法倡导	
10	文化休闲	文化娱乐
11	文化建设	
12	医疗救助	伤病救助
13	疾病防治	
14	工伤探访	
15	经济援助	经济救助

① 《汉语分词系统》，详细见 http://ictclas. org/index. html，2021 年 12 月 25 日访问。

（续表）

序号	活动名称	活动类型
16	就业咨询	就业援助
17	生涯规划	
18	募捐筹款	组织建设
19	同行交流	
20	业务调研	
21	志愿者队伍建设	
22	视察调研	

从利益流向来看，上述22项活动的利益指向非常明显，17项活动是对农民工的救助与帮助，约占活动种类的77%；5项是维持与促进农民工组织建设，占活动种类的23%。对农民工援助活动的内容包括技能培训、就业援助、子女教育、伤病救助等，一直到权益被侵犯时的法律援助，几乎涵盖其工作和生活的所有流程与环节。将上述活动与表1中农民工组织的职能相对比，现有的农民工组织实现了其职能定位与宗旨。

加强与优化农民工社会组织建设是改进和强化农民工服务工作的基础和前提。上述活动表明，开展业务研究与经验交流及队伍建设成为农民工社会组织的重要工作内容，如“小小鸟打工互助热线”开展的志愿者网络建设活动，“义联”承办的中欧社会论坛劳动权益保障分论坛，与国外专家探讨共同面对的问题、挑战和解决策略等。[①] 需要注意的是，近年来，政府各级部门也加强了对农民工组织的研究、指导和支持。[②] 从2011年7月到2012年7月的一年间，北京市社会团体管理办公室、北京市司法局，以及司法部等部门先后到“义联”调研指导。同

① 《北京市社会团体管理办公室民非单位管理处莅临中心考察工作》，载北京义联劳动法援助与研究中心官网2011年7月14日，http://www.yilianlabor.cn/xinwen/zhengfu/，2021年9月30日访问。

② 《义联举办农民工维权及群体性事件处理经验座谈会 郑振远副局长莅临指导》，载北京义联劳动法援助与研究中心官网2011年11月30日，http://www.yilianlabor.cn/xinwen/zhengfu/，2021年9月30日访问。

时,需要指出的是,近年来,国内民间组织的发展也引起了国外同行与研究人员的关注。2013 年 3 月与 5 月,“义联”先后接待了澳大利亚国立大学[①]与美国乔治敦大学专家学者的访问。[②]

2. 农民工组织的运行模式

根据农民工社会组织活动的价值取向及其活动方式,农民工组织活动可定性为三种基本类型:以问题解决为导向的组织活动、以素质培养为取向的组织活动,以及以影响和服务决策为导向的组织活动。与之相对应,农民工组织的运行可归纳为三种基本模式:“求助——应答型”运行模式、“训练——学习型”运行模式,以及“研究——创新型”运行模式。

“求助——应答型”运行模式往往以问题解决作为组织的根本目标,其行为仅仅是对求助的反应。活动的起点为农民工对组织的求助或咨询,终点为任务完成或问题解决。如“沈阳小小鸟打工互助热线”从 2011 年 1 月 1 日到 12 月 31 日,接待维权案件 47 件,共涉及金额 2831039 元,涉及人数 694 人;[③] 2013 年 7 月的辽宁省法库县“辽代风情小镇欠薪事件”。[④]

“训练——学习型”运行模式是通过知识传播和技能训练提升农民工素养的组织活动。其活动核心在于知识、技能或信息的传播。如“深圳小小鸟打工互助热线”从 2010 年 12 月 21 日至 2011 年 12 月,共举办 18 场“职业健康与安全”培训活动;组织宣讲会 13 场,开展各种小组活动 87 次,建立资料发放点 22 个,并发放大量的《职业健康与安全手册》、《职业健康与安全培训教材》及宣传彩页;举办“女工融入城市培训”11 场,培训女工

---

① 《澳大利亚国立大学访问团到访义联》,载北京义联劳动法援助与研究中心官网 2013 年 5 月 29 日,http://www.yilianlabor.cn/xinwen/zhengfu/,2021 年 9 月 30 日访问。

② 《乔治敦大学法学院奥尼尔卫生法研究所所长到访义联》,载北京义联劳动法援助与研究中心官网 2013 年 3 月 14 日,http://www.yilianlabor.cn/xinwen/zhengfu/,2021 年 9 月 30 日访问。

③ 《维权行动》,详细见 http://www.xiaoxiaoniao.org.cn/Article/List.asp?lmid=103&page=2,2021 年 9 月 30 日访问。

④ 《法库辽代风情小镇欠薪事件》,详细见 http://www.xiaoxiaoniao.org.cn/Article/Show.asp?id=6711,2021 年 9 月 30 日访问。

511 人。[①] “苏州工友家园”开办的“工人文艺”活动，为农民工的文学艺术创作提供了展示和传播的平台。[②]

“研究——创新型”运行模式是以影响和服务决策为导向的组织活动，其内容是通过对服务农民工活动的归纳、总结与提升，开展政策倡导和立法倡导，为保障农民工权益及农民工组织的运行争取更多的制度和政策空间。其模式主要为(见图 4)：

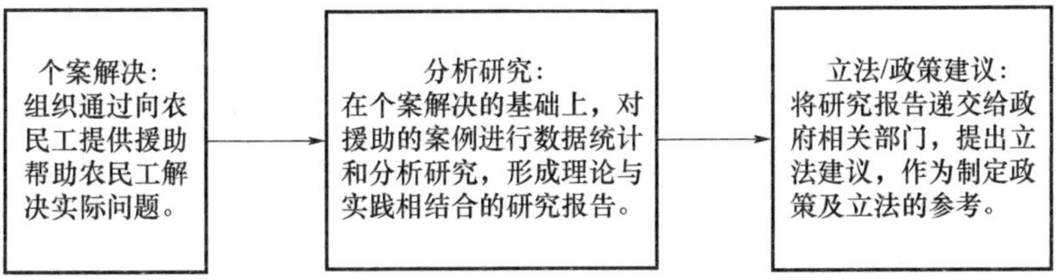

图 4：“研究——创新型”社会组织运行模式

这一方面的主要代表是“义联”。该组织的主要活动集中在热线维权、[③]网站建设、来访咨询、个案援助、期刊出版、志愿者培养等方面，[④]并在此过程中向工友宣传相关法律知识，进行政策倡导，截至目前已有 15 条被采用，如对职业病防治法的修改等。[⑤]

上述三种运行模式既代表了农民工组织的基本活动类型，也厘清了农民工组织活动的基本层次，即以处理和解决问题为主要目标和要求的组织结构，通过培训与学习，提升农民工素养，改善农民工生存与生活环境的组织结构，以及在处理和解决问题基础上，通过立法倡导与政策建议，改善农民工工作和生活环境的组织机构。

---

① 《飞翔日记》，详细见 http://www.xiaoxiaoniao.org.cn/Article/Show.asp? id = 6815，2021 年 9 月 30 日访问。

② 《工人文艺》，载苏州工友家园官网 2013 年 7 月 30 日，http://www.szgr.org/Item/list.asp? id = 1232，2021 年 9 月 30 日访问。

③ 《法律援助工作成果统计》，载北京义联劳动法援助与研究中心官网 2010 年 9 月 2 日，http://www.yilianlabor.cn/yuanzhu/2010/628.html，2021 年 9 月 30 日访问。

④ 《法律援助工作成果统计》，载北京义联劳动法援助与研究中心官网 2013 年 7 月 30 日，http://www.yilianlabor.cn/yuanzhu/2010/578.html，2021 年 9 月 30 日访问。

⑤ 《义联被采纳的立法建议》，载北京义联劳动法援助与研究中心官网 2013 年 3 月 1 日，http://www.yilianlabor.cn/yanjiu/2013/1201.html，2021 年 9 月 30 日访问。

三、农民工社会组织的社会环境分析

如果说农民工社会组织存在状态的调查与研究是对其内在组织形式及其运行机制的分析，本部分则主要从社会认知、社会资源供给，以及制度与政策供给了解农民工社会组织存在与运行的社会环境，从而从不同视角对农民工组织现象进行考察和研究，获得对农民工社会组织的相对完整和全面的感知与掌握。

（一）农民工社会组织的社会认知分析

农民工社会组织的社会认知是社会及公众对这类组织的感知和态度，代表了这类组织存在的社会心理、情感和舆论空间。本部分以农民工、企业主、政府相关部门及媒体为对象，运用问卷调查、访谈及媒体的文本分析等技术和方法，挖掘农民工及社会公众对农民工社会组织及其社会作用的认知分析。需要指出的是，因为情感倾向，本部分并没有对农民工组织从业人员的访谈与调查进行分析研究。

1. 需求与供给的反差：对农民工的问卷调查分析

由于农民工组织多集中于北京和珠三角地区，故而以在北京和东莞的农民工作为问卷调查的对象。北京的问卷调查主要通过河南省籍同乡会协助完成，共发放问卷 200 份，收回 190 余份，有效问卷 181 份，调查对象涉及建筑业、制造业、服务业等多个领域。东莞的问卷调查主要通过东莞市民政部门协助完成，共发放问卷 200 份，收回 200 份，有效问卷 190 份，调查对象主要来自制造业和服务行业。在此过程中，我们只从整体上探讨和分析农民工对其服务组织的认知与态度，不对产生于北京和东莞的调查数据进行比对研究。

接受问卷调查的对象中 85% 的人处于 20 岁至 35 岁的年龄段，9% 为女性，63% 的人拥有初中及以上文化程度。调查结果将对所收集数据进行整体分析，不做细化的多变量研究。

调查问卷共由 18 个问题组成，去除有关调查对象基本信息的问题外，问卷内容主要集中于三个方面：农民工外出务工时的实际需求、农民工组织的对务工人员的实际作用，以及务工人员对农民工组织的了解和评价。上述调查内容被细化为7个问题，数据分析结果可见图5至图11。

从图5可以看出，农民工外出务工寻找工作职位或工作信息时，多依赖于亲朋好友介绍或求助于中介机构；但随着信息技术的发展及农民工信息技术应用技能的提升，已有21%的农民工开始通过互联网求职及获取招聘信息。需要注意的是，只有略多于6%的外出务工人员通过相关农民工社会组织作为自己获得工作的渠道。

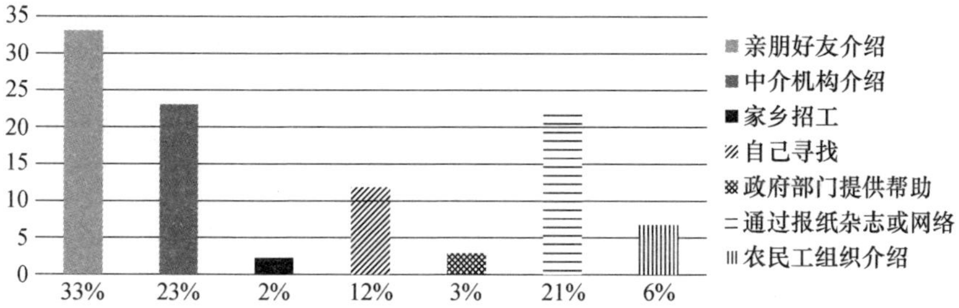

图5　外出务工寻找工作路径分析

图6显示，参加调查的农民工都曾遭遇各种各样的困难或权益被侵害现象，其中主要是克扣和拖欠工资、突发疾病、生活困难及人身伤害。

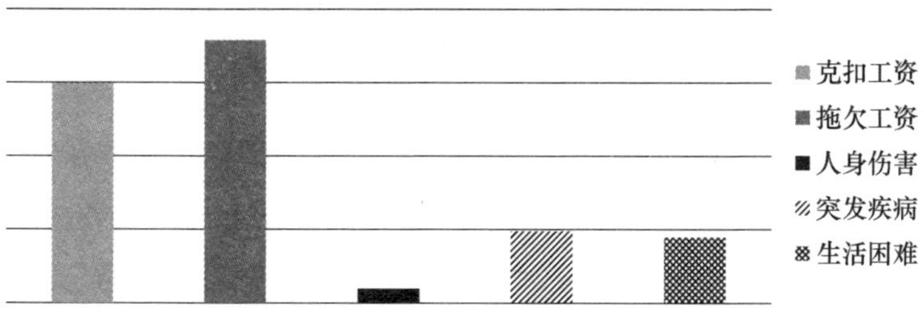

图6　农民工困难类型分析

与图5的数据相呼应，参加调查农民工在遇到困难或侵害时，几乎没有人采取选择个人报复及躲避的态度，而出于安全及隐私的考虑，他（她）们往往趋向于求助家人、同乡或朋友，呈现出“血缘求助”或“地缘求助”的倾向，占总人数的52%。需要关注的是，约有26%的调查对象愿意求助类似于农民工社会组织的公益维权组织。

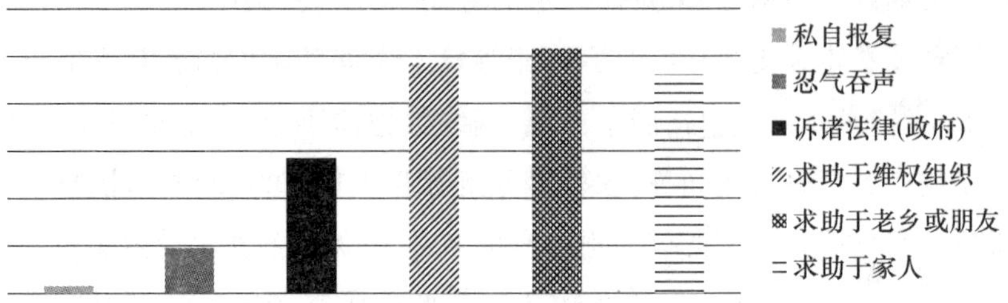

图7　农民工寻求帮助意愿分析

与农民工寻求帮助的意愿相比,只有少部分的调查对象获得了农民工社会组织的帮助或救助,二者之间具有较大的反差。其获取援助的主要来源还是朋友、同乡与同事。

获得农民工社会组织援助的主要内容是工资纠纷,以及维权知识的普及与其他权益保障。

在接受过农民工社会组织援助的调查对象中,大多数人对农民工社会组织的帮助表示满意与感谢。但其中仍有部分的人认为农民工社会组织有收取费用及出售商品以获利的嫌疑。受制于各种因素,农民工组织的援助并不能获得所有求助人的满意与认同,其中有受助人认为农民工组织并没有能够提供他们所期望的援助。

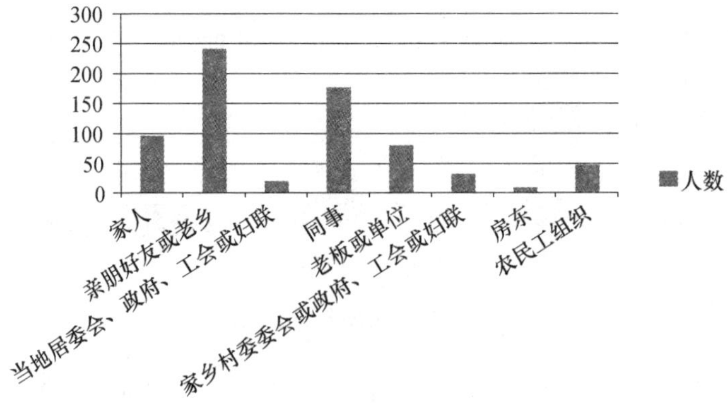

图8　农民工获取帮助来源分析

371 名调查对象中的 219 人对农民工组织有所了解,其获取信息主要渠道是互联网与电视,占总量的大多数;而人际传播只占总量的一小部分。需要注意的是,农民工组织所举行的入场宣传及街头咨询都对扩大自身影响起着重要作用。

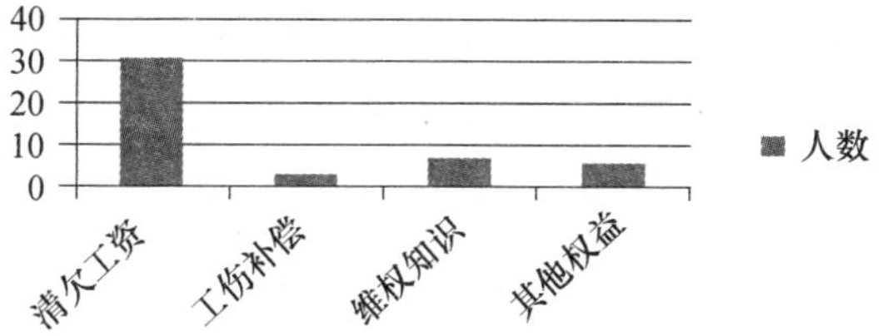

图9　农民工接受帮助类型分析

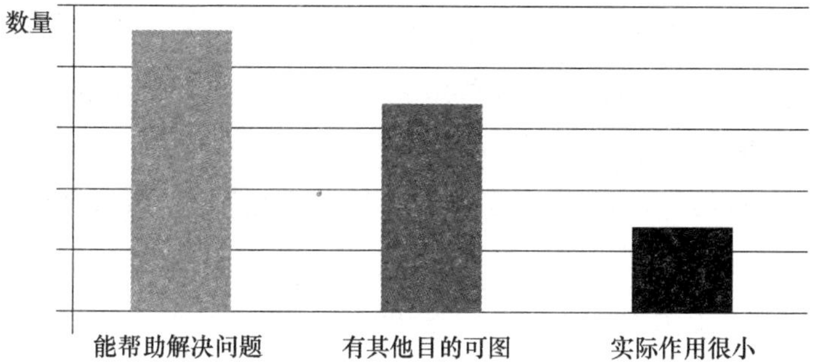

图10　对农民工组织的评价分析

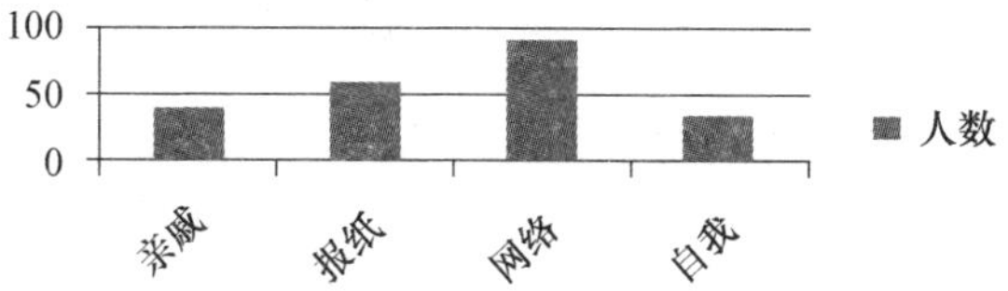

图11　农民工获取服务组织信息渠道分析

上述数据显示,受访对象大都遭遇不同类型和不同程度的侵权行为,其中有的人愿意求助于农民工社会组织等相关公益组织,但只有少部分被调查者获得了农民工社会组织的援助。需求与现实、意愿与现实之间存在较大差距。值得关注的是,大部分受访者了解农民工社会组织及其作用。上述调查说明,农民工不仅了解农民工社会组织的存在,并希望通过实际援助认可组织的作用。

2. 认知与现实差距：政府管理部门的访谈分析

多角度、多层面地了解农民工社会组织将有助于深化对其理解和掌握。本部分分别甄选了河南省 SQ 市民政局(代表基层管理部门)、中华全国总工会理论研究所(代表理论研究部门)、河南省 HY 公司(代表用人单位),以及北京市公安部门(代表社会管理部门)作为访谈对象,了解农民工组织在社会运行中的作用、社会效益及其要求和建议。

(1)**农民工组织可以分担政府的部分职能**。河南省 SQ 市共有人口 800 多万,每年外出务工的农民就有近 80 万人,占总人口的十分之一。该市民政部门认为,农民工组织可以对外出务工人员的发挥组织和服务职能。近年来,他们有意识地在源头地建立相应的组织,如协会、联络会、同乡会等,为外出务工农民提供就业信息、法律普及等方面的工作。尤其是每年 9 月份,SQ 市都要组织大批农民工赴新疆摘采和捡拾棉花。由于人员太多,以往都是由乡镇派出管理干部,随行组织和管理,以及时解决突发问题。近年来,他们通过建立联络会等方式有效解决了这一问题。由于他们实行的自治管理,既提高了管理效率,也减少了政府的人力和财政支出。

(2)**农民工组织可以增加农民工抵抗风险和突发事件的能力**。河南省 HY 公司是一家拥有近 2 千名员工,从事运输、建筑与劳务输出的企业。该公司认为,近十几年来,拖欠和克扣农民工工资成为很多企业缓解资金紧缺的诀窍,并引发了大量的恶意,乃至发生暴力讨薪事件,造成了恶劣的社会影响,也对企业带来了诸多负面作用。究其原因,是农民工处于孤立与分散状态,无法与公司相抗衡,成为双方博弈中的相对弱势群体,故往往采取极端行为,以保障自己的利益。因此,农民工组织可以运用专业知识与合法手段帮助农民工保全自身权益,增加农民工抵抗风险和突发事件的能力。

(3)**国外资金和基金的资助可能增加农民工社会组织的政治风险**。北京市某公安部门的管辖范围具有较强的复杂性,既有著名高校,也有经济高度发达的市场,同时也是城乡结合部,治安与维稳形势非常严峻。指挥中心是公安系统的核心和中枢部门,要了解和掌握辖区内社会面的运行情况。他们认为,目前国内农民工社会组织所获得的资助资金大多来自国外或境外的基金会或外国驻华使领馆;同时,也有些国外组织和机构派人以指导工作为名来华，参与组织活动。这些行为都具有极大的政治和安全风险，一是通过合作研究的名义，获取国内农民工的动态，达到收集情报和信息的目的；二是通过讲座与活动，进行意识形态和宗教宣讲；三是利用农民工组织参与网络活动或群体性事件，影响国内的舆论与社会安全。因此，在接受资金援助和人员支持方面应慎而又慎。

(4)农民工组织应提升服务能力、扩展服务职能。中华全国总工会理论研究所一直进行工会组织对农民工权益的维护研究，具有深厚的理论基础和实践经验。他们认为，上级主管部门应该开设或举办农民工组织论坛，以交流管理经验；同时，也可以对农民工组织的负责人进行基本培训，以促进组织的健康合法运行。根据目前农民工的文化素养与诉求，农民工组织应该拓展现有职能，不仅仅是低层次的维权与培训，而应该提升农民工的自我组织能力，提高农民工的组织化程度。

从上述访谈可以看出，农民工社会组织在某种程度上代替政府履行了部分组织和管理的职能和任务，作为“第三方”部门，能够有效缓解农民工与政府及雇主之间的对抗与冲突。但在现实中，由于多依赖于国外资金或捐助运行，具有一定的政治风险，因此，应该提升组织的管理能力，以促进组织健康合法运行。

3. 关注与呼吁：对媒体报道的标题内容分析

作为弱势群体——农民工的利益救助者和诉求人，农民工社会组织一直受到各类媒体的关注。以“农民工组织”“农民工 NGO”“农民工草根组织”，以及“农民工非政府组织”为检索词，可以在互联网找到相关信息累计 190 余万条，在中国知网查询到相关文献 690 余篇。这表明，农民工社会组织现象不仅引起了社会的关注，也成为学界的研究对象。通过对网络报道的标题分析，可以发现，媒体及社会各界对农民工社会组织的关注主要体现在两个方面，一是通过农民工社会组织活动的报道，传播农民工社会组织的正面信息，构建农民工社会组织的正面形象；二是对农民工社会组织生存状况反映，以呼吁社会各界，尤其是政府部门，加强对农民工社会组织的支持和帮助。

对农民工社会组织的报道是近年来媒体及舆论界的重要话题之一。需要注意的是,这些报道不仅让读者了解了农民工社会组织的概况、职能与作用,也构建了农民工社会组织的正面形象。如《中国日报》的“信义兄弟成立 NGO 为农民工解忧”,[①]人民网的报道“爱心驿站里有了农民工维权课堂”[②]等。

而同时,农民工社会组织的生存困境与运行状况也越来越引起人们的注意,如《瞭望》新闻周刊的“一个农民工组织的成长之路”。[③] 为了解决农民工社会组织所面临的困难,一些媒体人或专家学界通过互联网传播成功组织的经验和方法,或者通过相关调研为农民工组织的发展呼吁。

根据上文分析,我们可以看出,农民工社会组织在维护农民工权益及技能培训等方面发挥了积极作用,能够为农民工提供利益诉求与保护的渠道和路径。这一行为得到了农民工、政府部门、企业及媒体和学界的认同。

(二)农民工社会组织的资源需求与供给分析

组织体的生存需要从周围环境中吸取资源,进行资源和能量交换,从而实现组织体的稳定与发展。以案例为基础,本部分从资金、人力、社会关系动员,以及经验技能四个方面的资源供给与需求状况进行分析,了解农民工社会组织的资源持有、动员及利用情况。

1. 资金匮乏,难以支持农民工社会组织的再发展

资金是一个组织运作的基本条件。我们通过调查发现,现有资金只能维持社会组织的基本运行,无法推进组织的优化发展。从整体上看,农民工社会组织的资金来源具有多元化特点,但捐赠的总量有限(通过下图,可看出东莞蓝衣工人合作社接受捐赠的物品及资金数量)。[④]

---

① 郭睿:《信义兄弟成立 NGO 为农民工解忧》,载《中国日报》2010 年 11 月 24 日。

② 谢建伟:《爱心驿站里有了农民工维权课堂》,载人民网 2013 年 2 月 7 日,http://spex. fouds1. com/show_1997109. htm,2021 年 12 月 25 日访问。

③ 熊贵彬:《一个农民工社工组织的成长之路》,载《瞭望》2013 年第 16 期。

④ 《蓝衣工人合作社简介》,详细见 http://lygr. org/daohang/jigoujieshao/jigoujianjie/2011-10-23/35. html,2021 年 12 月 20 日访问。

- 东莞姜女士捐饮水机一台，象棋一副
- 北京刘女士向合作社捐款500元/人
- 东莞王先生向桑园工社捐赠物品
- 北京师范大学袁先生捐被子两床

图12　东莞蓝衣工人合作社捐赠公示

同时，由于有些农民工社会组织因为无法注册而未获得政府认可，也就无法获得案件补贴。① 因此，农民工社会组织的资金拥有往往处于低量状态。而过高的帮助农民工维权的间接成本（政府致力于降低劳动者维权的直接成本，如仲裁免费等）、免费教育培训活动的开展、免费教育培训资料的分发，以及基本的办公和人力成本都增大了资金来源与使用的缺口。因此，在现行状况下，资金问题是制约农民工社会组织优化发展最大因素。

2. 员工数量少、流动性大，影响农民工社会组织的服务质量与再发展

尽管"北京义联劳动法援助与研究中心"与"东莞蓝衣工人合作社"都吸引了包括海归博士与名校硕士的参与，但还是难以掩饰农民工社会组织整体上人才匮乏且流动性强的困境。这一现象的主要原因在于整体收入过低。一些人的收入甚至低于农民工的水准，即便是经济状况较好的深圳"当代社会观察研究所"的平均工资也只在4000元左右，使工作人员面临较大的生活压力。同时，农民工社会组织工作人员基于实现人生目标的需要，认为现有工作不利于个人发展，缺少对组织的忠诚度。这些因素导致农民工社会组织不仅员工数量不足，而且流动性大，严重影响了服务质量和工作的延续性，制约了组织的再发展。

3. 社会关系广泛，社会资源动员能力较强

社会关系是社会组织尤其是非政府组织的重要社会资源。一些成

① 按照财政部、司法部出台的《中央补助地方法律援助办案专款管理暂行办法》规定，接受法律援助机构指派办理案件的律师、基层法律服务工作者和接受安排办理案件的社会组织人员、法律援助志愿者可享受800—1000元的办案补贴。

就卓越的农民工社会组织取得成功的重要原因就在于通过广泛的社会关系,获取大量优质的社会资源,推进组织的发展。通过数据与案例分析可以发现,农民工社会组织建立社会关系主要对象为:政府机构与社会团体、各种基金会、学术机构、专家学者与媒体。农民工社会组织与上述组织、团体或个人建立社会关系的主要方式表现为三个方面,一是聘请退休官员或专家学者担任顾问或理事,如“东莞蓝衣工人合作社”聘请民政部退休司长王振耀和著名学者温铁军担任顾问;二是邀请政府机构、基金会或学术机构为合作伙伴,如北京的“工友之家文化发展中心”将共青团中央、中华全国总工会、清华大学及北京市朝阳区人民政府等作为组织的伙伴;三是与上述部门或组织共同开展相关活动,如“小小鸟打工互助热线”与北京市东城区司法局联合举办的“律师志愿者参与劳资纠纷调解项目”等。

4. 缺少经验技能交流平台,影响农民工社会组织的整体发展

经验技能的交流和研讨可以提升社会组织的工作能力,促进社会组织整体服务质量的提升。农民工社会组织的研讨、培训与交流活动始于2000年。它不仅使农民工社会组织扩展了视野,而且使散落在全国各地的孤岛式的社会组织能够形成网络,从而以整体的姿态在农民工的维权与服务中发挥作用。如2000年12月,清华大学当代中国研究中心与其他部门合作在广州举办的“服务与创新:外来工社会政策研讨会”;2001年6月,在深圳举办的“珠三角外来女工培训研讨会”,吸引了较多的农民工社会组织参加。但就目前来言,除了建立网站外,[①]尚没有建立相对稳定、统一的经验、信息交流共享的平台,影响了农民工社会组织的整体发展。

迫于发展的驱动,农民工社会组织运用不同方式建立了广泛的社会关系,以挖掘更多的社会资源;但资金的匮乏、专业工作队伍的不稳定与数量的欠缺,以及交流平台的缺失都制约着农民工社会组织的发展与提高。

---

① 详细参见网站 http://www.ngocn.net/.

（三）农民工社会组织的制度环境分析

组织理论认为，所有的组织都要在制度环境里运行，也就是说，制度是组织运行的基础和前提。根据道格拉斯·诺斯（Douglass North）的观点，农民工社会组织的制度环境可以界定为国家用以规范农民工社会组织行为和活动的正式制度和非正式制度的统称，这些制度的集合体是决定农民工社会组织生存发展的重要外部条件。前者是对农民工社会组织运行的“显性”规则，而后者表现为文化形式，即意识形态、价值观、道德观念及传统习惯等，是一种“隐性”规则。本研究将首先通过对制度体系的要素解构，根据农民工社会组织的管理和运行流程，从显性制度和隐性制度两个层面，分析与研究现有制度体系对农民工社会组织的影响和作用。

1. 鼓励与约束：对农民工社会组织管理的制度困局

有关农民工社会组织的制度体系包括下述四个方面的法律规范与政策规定：一是宪法；二是法律，即全国人大及其常委会制定关于民间组织各种法律；三是行政法规及部门规章，即国务院及其所属部委制定的关于民间组织的相关法令、条例、准则、规定、规章等；四是党的政策，即党关于民间组织的决定、通告、通知、意见、办法、指示等。其中涉及农民工社会组织的法律、行政法规及部委规章主要包括下述内容[①]：公益事业捐赠法、村民委员会组织法、《社会团体登记管理条例》、《民办非企业单位登记管理暂行条例》和《基金会管理条例》等，共计 120 余部。[②]

借鉴已有研究方法和研究成果，以上述制度体系为对象，以农民工社会组织的运行流程为基准，本节将农民工社会组织的制度环境要素分解为下面五个环境要素，主要有：对社会组织的定性和定位、社会组织的成立与登记及注册的规定、对社会组织的监管、对社会组织的财政政策及对社会组织的激励与处罚。

---

① 《国务院行政法规》，载中国法律资源库 2021 年 12 月 20 日，http://www.lawyee.org/，2021 年 12 月 20 日访问。

② 《民族民政》，载中国法律信息网 2021 年 12 月 20 日，http://law.law-star.com/html/lawsearch.html，2021 年 12 月 20 日访问。

从对社会组织的定位和要求来看,农民工社会组织的发展处于激励与鼓励的宏观环境。中国共产党十六届四中全会明确指出:“要发挥社团、行业组织和社会中介组织提供服务、反映诉求、规范行为的作用,形成社会管理和社会服务的合力。”而2005年的《政府工作报告》也提出,要“坚决把政府不该管的事交给企业、市场和社会组织,充分发挥社会团体、行业协会、商会和中介机构的作用”。[①] 这些政策和要求为社会组织的发展提供了宽松的宏观环境。在随后的几年中,培育发展与监督管理并重逐步成为政府关于社会组织政策的主要基调,并对不同的民间组织采取选择性支持和选择性限制相结合的管理方针,[②]推动了农民工社会组织的产生与发展。

从对农民工社会组织的登记注册、监督管理角度来看,这些法规在技术操作上的基本导向是对农民工社会组织的控制和约束,主要表现在下述三个方面:

(1)登记注册门槛过高,难以获得合法地位。根据《社会团体登记管理条例》规定,登记注册不仅对社会组织在会员人数、财产数额、发起人和拟任负责人资格等方面有严格的规定和限制,而且在登记管理上采取双重许可制度,即主业务单位的审批许可和登记管理机关的登记许可。根据这种制度,多数农民工社会组织只能选择工商登记的方法来获得身份。但由于不是正规的慈善组织,无资格也不便以社会组织的身份组织公益募捐,即使能接受捐赠,相关捐款也无法享受减免税待遇。[③]同时,这种规定也导致多数农民工社会组织游离于法治之外,以“老乡会”“联谊会”“战友会”等形式开展活动,给社会稳定带来潜在威胁。

(2)请示报告和年检制度制约农民工社会组织的自主发展。根据农民工社会组织的重大活动请示报告制度规定,社会组织在开展重大活

① 《政府工作报告》,载中国政府网2006年2月16日,http://www.gov.cn/test/2006-02/16/content_201218.html,2021年12月20日访问。

② 邓保国:《农民工民间组织发展的制度环境分析》,载《安徽农业科学》2009年第24期。

③ 孙春苗:《论农民工民间维权NGO在社会转型期的发展空间》,载《调研世界》2006年第10期。

动要上报业务主管部门进行事前审查和事后审批。这种规定不仅浪费了大量行政资源，而且也使许多农民工社会组织丧失开展活动的自主性与积极性，缺少开展活动的动力与活力。

(3)缺少对农民工社会组织的救济制度。根据相关法律法规要求，对社会组织应受处罚适用情形的规定过于笼统、抽象，处罚的上下幅度差别很大，给登记管理机关和业务主管单位及其工作人员留下了大量自由裁量的空间。同时，我国撤销或吊销社会组织的执法机关是民政部门，担任行政复议职能的也是民政部门，民间组织对撤销或吊销民间组织的决定缺乏司法救济途径。

2. 文化惯性与信任缺失：对社会组织认识的文化迷茫

受传统思维和理念及社会历史发展历程的影响，人们对社会组织或民间组织的作用和影响一直存在着错误解读。这种误解主要存在于政治文化、行政文化及信任文化三个方面。

(1)政治文化的浸润：为避免在一些国家如东欧和某些苏联国家曾经出现过的公民社会组织对抗国家乃至推翻国家政权的局面。改革开放后，我国关于社会组织的相关政策法规表现出强烈的控制型管理趋向，其目的在于防止出现破坏社会稳定和国家安全的敌对社会组织，防止社会组织从事不利于社会稳定和国家安全的政治性活动。[①]自中华人民共和国成立以来，面对国际上其他国家的意识挑衅，执政党需要时刻保持“政治敏感性”。同时，鉴于“西方自由主义”对中国进行“和平演变”的警惕，人们对社会组织存在着担忧心理：一是担心社会组织过分发展会失去控制，造成尾大不掉；二是担心一些社会组织在成长壮大后会跟政府“对立”。因此，人们对于社会组织十分警惕，始终有一种防范的意识。

(2)行政文化的垄断意识：从社会资源的使用与配置来看，政府一直处于主导或者垄断的地位，形成了全能政府的现象。因此，对于农民工社会组织，由于其活动常常会牵涉到政府的利益而为政府所疑虑。一

---

① 何增科：《中国公民社会发展的制度环境影响评估》，载《江苏行政学院学报》2006 年第 4 期。

般认为,农民工社会组织的活动涉及一个为政府所敏感的问题——农民工权益问题。而这些问题又涉及劳资关系和当地利益等问题,一旦政府给予实质性的支持,等于倡导这样的活动和目标。同时,政府也要承担相应的责任和风险。因此,对于农民工社会组织,一些政府部门应更多地表示出防范和管制的态度。

(3)信任文化的缺失:相互信任是维持社会运行的基础。而根据中国社会科学院社会学研究的调查,社会的总体信任指标在进一步下降。[①]这种信任的缺失与下降也严重影响到了一些社会团体,乃至政府部门的公信力。2011 年由"郭美美炫富"所引发的网络事件,给中国红十字会带来了前所未有的危机,导致红十字会的信誉受到质疑,各种捐款大幅度下降。[②]信任危机也波及农民工社会组织的发展。在实际运行中,不少农民工质疑社会组织开展活动的目的和用意,因而拒绝社会组织的援助。

制度是社会文化的具体体现。基于上述文化背景与社会背景,我们就不难理解,在现行社会环境与文化环境下,农民工社会组织管理过程中所出现的迷茫、矛盾与纠结。

可以看出,面对实际困难与处境,农民工对相关维权组织与援助组织具有强烈的需求,而且上述组织也对求助的农民工进行了援助;但由于资源供给的匮乏及制度的制约,农民工社会组织无法得以优化发展。

四、农民工社会组织管理与建设的对策及建议

本部分在综合前述研究的基础上,通过分析农民工社会组织的优势与不足,从理论建设、制度完善、管理机制设计及组织自身建设四个方面提出农民工社会组织管理与建设的对策及建议。

(一)农民工社会组织发展优势与存在问题分析

综合前述的分析与研究,可以看出,农民工社会组织发展的优势集

① 张然:《社会信任度下降,情绪反向值得警惕》,载《京华时报》2013 年 1 月 8 日。

② 《郭美美事件》,详细见百度百科网。

中在三个方面：一是拥有大量的社会需求。与庞大的农民工队伍及高涨的农民工求助相比，现有的农民工社会组织无论是数量，还是服务质量，都无法满足现有需求，因此，具有较大的社会发展空间。二是社会认可度较高。调查发现，无论是农民工还是社会媒体都对农民工社会组织的作用及其服务表达了认可与赞誉，具有较强的社会驱动力。三是具有一定的社会资源动员能力。由于社会的认可与赞誉，农民工社会组织可以通过各种方式与政府部门、基金会及学术机构建立广泛的联系，具有一定的社会活动能力，为农民工社会组织提供社会资本支持。

农民工社会组织在发展与建设中的问题可以从内部要素与外部环境探讨分析。影响农民工社会组织发展的内部要素主要有：一是宣传力度不足，知名度不高；二是队伍建设具有不稳定性，增加了管理难度，降低了工作效率；三是机构管理不成熟，缺乏人才与资金管理经验和管理机制。制约农民工社会组织发展的外部因素主要表现为下述四个方面：一是政府支持力度弱，得不到政府在政策方面给予的优惠；二是资金匮乏，难以满足建设与发展的需要；三是制度与政策资源供给不足，制约了农民工社会组织的发展空间；四是社会认知的局限，约束了农民工社会组织的发展壮大。

（二）农民工社会组织管理与建设的对策及建议

从农民工社会组织的发展优势与存在的问题可以看出，促进农民工社会组织的建设与发展需要“内外兼修”，既需要农民工社会组织提升自身能力，也需要通过优化制度与政策设计，以提供支持和保障。本部分主要从外在环境的视角，分四个方面，为农民工社会组织的管理与建设提供对策与建议。

1. 理论先行，引领农民工社会组织的管理与建设

理论是人们对经验或事实的归纳与总结。它来源于实践，又可以指导实践，以检验理论的适应性。农民工与农民工社会组织现象是中国在社会转型期所出现的、具有中国特色的社会现象，需要从国际和历史的角度来研究这一现象，借鉴国外经验、总结本土经验促进农民工社会组

织的健康发展。

（1）以国际视野、历史眼光规划农民工社会组织的管理与建设

对农民工社会组织在社会发展与运行中的作用及影响的认识，应突破固有的思维模式和文化解读，从世界各国社会组织的发展趋势及中国社会发展的历史经验，来认识社会组织的价值功能、规划社会组织的建设与发展。

从国际上社会组织的发展趋势来看，其社会功能越来越多元化和广泛化，社会组织是重要的就业力量，是能够为社会各界提供多元化和专业化公共服务的“第三方政府”，是帮助弱者实现公平正义的公益团体，同时也成为公民参与和自治的一种生活方式。[①]而从数量来看，美国每万人拥有社会组织51.79个，印度为10.21个。[②] 据统计，我国每万人拥有社会组织1.45个；而同时，由于我国处于社会转型期，不同社会群体的利益诉求影响着社会稳定与安全。因此，我们应该从国际社会组织建设与发展角度认识社会组织的重要性，推进社会组织的建设。

积极稳妥推进城镇化建设是未来几年社会发展与改革的重点。城镇化的核心就是推进农民工的“市民化”进程。[③]农民工社会组织在实现其援助功能的同时，也具有教育培训及提升农民工互助意识和能力的教化职能。此外，这一具有历史战略性的发展规划的实施与完成不能仅仅依靠政府的力量，而应该将社会组织纳入其中，借鉴和移植国际经验，通过扩展社会组织职能，扩大社会组织发展，实现这一历史任务。

（2）研究引进国际经验

西方国家社会组织的历史渊源流长。据记载，英国的互助社传统早在公元55年就已形成。[④]经过几百年的发展与积淀，国外已经形成了比较成熟的经验和做法。以美国为例，美国政府已经建立了比较完善与规范的法律法规，从政府资助比例、社会组织激励措施、社会组织服务能力

---

① 贾西津：《NGO：国际视野与中国发展》，载《当代世界》2010年第6期。

② 王名等：《中国社团改革——从政府选择到社会选择》，社会科学文献出版社2001年版。

③ 《2013年全国促进城镇化健康发展规划解读》，载中国行业研究网2013年3月7日，http://www.chinairn.com/news/20130307/165741248.html，2021年12月20日访问。

④ 贾西津：《NGO：国际视野与中国发展》，载《当代世界》2010年第6期。

鉴识、监督评估，一直到社会组织能力培训，都有明确的规定和要求。但同时，西方国家社会组织的管理也渗透着资本主义的意识形态和观念。因此，我们应在分析研究的基础上，着重从技术层面借鉴国外管理经验和做法，优化国内社会组织的管理和建设。

(3)总结推广本土范例

近年来，随着社会的发展，我国的一些社会组织已经探索形成自己的经验和做法。如以实施法律援助和宣传为主要职能的“北京义联劳动法援助与研究中心”，以及通过举办合作社提升农民工互助自治能力的“东莞蓝衣工人合作社”。前者在开展法律援助的同时，通过案例分析，对法律实施中出现的问题进行研究和总结，为决策部门进行法律修订和政策制定提供科学依据。后者则与学术机构和专家学者合作，对活动开展中的问题进行剖析和研究，为社会组织的发展探索理论依据。通过对优秀社会组织工作和活动的经验与案例予以总结、推广，既可以提升社会组织的管理水平和服务质量，也可以为国际社会组织建设与研究领域贡献属于中国、具有中国特色的发展与管理模式。

2. 完善制度设计，推进农民工社会组织的建设与发展

为适应农民工社会组织建设与发展的需要，应通过农民工社会组织制度与政策体系的顶层设计，整合现有法律资源，完善现有制度体系，建立完整、科学的法律、法规与政策体系。

(1)制度体系的顶层设计

进行农民工社会组织制度体系的顶层设计要从推动社会发展、优化组织管理及促进组织建设的角度，以满足需求、激励发展和规范行为为导向，整体考量与设计整个制度与法律体系，从宏观、中观与微观层面建立农民工社会组织运行与发展的良性环境。

农民工社会组织作为社会复杂系统的组成部分，承担着对弱势群体——农民工的援助与教育，既有经济意义和价值，也体现了社会对弱势群体的公平与正义，对推动社会进步与发展具有重要作用。因此，农民工社会组织制度与政策的确立要跟随社会的发展，适应社会的需求。管理的目的是促进管理对象的发展。农民工社会组织的制度设立应以

激发社会组织的发展动力,促进社会组织的建设为目的,形成激励与处罚分明的规则体系,激励社会组织的发展,满足社会发展的需求。在微观层面,农民工社会组织的运行具有行为选择性与倾向性,对农民工与社会具有直接影响。因此,应该通过制度设计规范社会组织的相关行为,引导社会组织的健康发展。

(2)政策体系的顶层设计

在现有的120余部与社会组织有关的法律、法规与政策中,理念与技术之间的冲突及不同部分之间法规政策的断裂都影响了法律法规的权威性与适用性,更制约了农民工社会组织的发展。因此,我们应根据制度体系顶层设计的要求,从社会组织定位方面,主要是其性质、地位、职能、权利和义务;从社会组织运行流程方面,主要是设立条件、审批程序、评估制度,以及激励和处罚制度等方面完善与优化农民工社会组织的制度与政策体系。

3. 优化农民工社会组织的管理机制,推动农民工社会组织的良性发展

农民工社会组织是社会组织的组成部分。根据近年来社会组织的发展状况及发展趋势,应以民政部门为核心,成立或组建国家层面的社会组织监管机制与监管体系。其主要内容如下:

(1)信息收集和信息交流机制。建立多部门联合(民政部门、工商部门、工青妇)的农民工社会组织信息收集和交流机制。信息收集的主要内容包括:社会组织组成人员、结构形式、功能定位及运行状况信息;农民工对社会组织的需求和要求的信息;学界和媒体对社会组织的调查研究和报道的信息。通过信息收集,把握社会组织的运行状况、社会资源的供需状况和理论研究进展,以推进社会组织的管理和服务。信息交流机制主要包括两个方面,一是管理和服务部门之间通过对相关社会组织信息的不定期交流、专题交流、突发事件交流和重点时期交流,把握和了解社会组织的运行状况,实现对社会组织的精细管理;二是通过民政部门信息平台不定期发布管理信息,为社会组织建设和发展提供政策、理论和方法咨询;通过微博等即时通信和交流工具进行信息互动,了解农民工或社会组织的要求和需求,为社会组织的发展提供

有针对性的服务。

（2）建立科学的监督评估机制。以对农民工社会组织的信息收集和交流为基础，建立农民工社会组织的第三方监督评估机制，包括三个方面：一是对农民工社会组织运行态势和发展趋势的了解和把握；二是对社会组织运行中，组织行为的价值取向（正面、负面或是否违法）和组织行为的社会效益的考察；三是对社会组织的风险评估，即以其行为的价值取向和社会效益评估为基础，进行社会安全（社会影响倾向和程度等）和制度法律安全（遵守法律法规程度）等方面的考察。农民工社会组织的监督评估将通过量化评估指标、确立组织等级、实行积分管理，为决策提供依据。

（3）建立完善的导控机制。农民工社会组织的导控机制，是指相关部门和机关对农民工社会组织的引导、管理和服务的政策、方法及技术的总和。以对农民工社会组织的监督评估为基础，农民工社会组织的导控机制主要包括法制导控、服务导控、资源导控、激励导控和应急反应。法制导控是通过法律法规规范社会组织的基本行为；服务导控是通过相关部门的指导及合作等方式优化社会组织的行为模式；资源导控是运用政府招标和购买等形式，为社会组织提供资金、人员和机会，引导社会组织的价值倾向；激励导控是通过对社会组织社会影响和社会效益分析，进行问责和激励，以激浊扬清的方式促进农民工社会组织的良性、健康发展；应急反应是在突发危及国家安全、社会安全与稳定的事件时，根据相关程序和预案要求，对相关社会组织所采取的行为选择。

上述三个方面形成了促进农民工社会组织管理与发展的机制体系，制度设计为农民工社会组织的发展提供了生存和运行的制度空间，信息收集和交流是对社会组织运行状态的把握，监督评估机制是对社会组织及其运行质量的考评，导控机制是对社会组织进行管理的手段和方法。

4. 推动农民工社会组织的内部建设

加强农民工社会组织内部管理建设是促进其发展与壮大的基础与根本，应从三个方面着手：一是内部管理机制建设，二是队伍建设，三是公信力建设。

(1)农民工社会组织内部管理机制建设

调查发现,现有农民工服务组织由于缺少应有的管理与约束机制,不仅引起社会及公众质疑,导致公信力下降,同时,也严重影响农民工社会组织的工作效率和服务能力。

以业务流程和职责权限为基础,建立农民工社会组织的内部管理与控制机制,促进对组织的内部或外部监督,形成严谨、科学的组织文化。在机制建设中,尤其应该加强和完善财务制度和相应的授权制度。前者应该鼓励开设多元化的资金筹措渠道,增加农民工服务组织的资金来源;并严格规范资金的使用管理,提升公众的信任度。后者则应通过授权审批制度建立,明确农民工社会组织人员的职责与权限,规范组织活动范围与权限。

(2)农民工社会组织队伍建设

高素质的人才是推动农民工社会组织健康快速发展的重要保障。加强组织的队伍建设首先要加强自身组织建设。在调查中,我们发现,部分农民工社会组织工作人员缺乏奉献精神,对工作毫无热情,认为工资较低,没有发展前途。同时,很多工作人员缺少专业知识,而且学历的良莠不齐也给团队的专业素质提升造成一些问题。加强农民工社会组织工作人员的自身素质建设,有利于整个组织更好地为农民工群体提供更为优质的服务。另外,志愿者资源不足也是农民工服务组织发展中的一个制约因素。

(3)农民工社会组织公信力建设

根据调查,农民工社会组织公信力不足主要原因在于社会认同不够、公众监督缺失及制度监管不完善等。

在建立与完善管理制度之外,提升农民工社会组织公信力还应该加强与政府的互动,以获取更多政府资源,如政府购买组织服务等方式,提高组织的社会认可度;借助媒体宣传,加强公众了解,增加自身影响,提高社会知名度;通过提高服务质量和扩展服务职能,加强社会互动,提升组织的社会影响力。

五、小结

目前,农民工社会组织面临着许多问题:一是资金、资源缺乏;二是人才不足;三是政策制度不健全;四是管理落后、服务质量差;等等。而就目前国外的情况来看,社会组织都已发展到相当的规模,且提供的服务及其质量也达到较高水准。以国际化视野和社会发展角度来看,加强农民工社会组织今后应该在如何努力提高知名度、提高公众的信任度、明确法律地位、密切与政府的合作,以及实施专业化发展战略等方面开展工作。

第四章　偶像型群体：网络直播失范现象及治理

一、问题的提出

2016年是我国公认的“网络直播元年”。[①] 中国互联网络信息中心(CNNIC)发布的第44次《中国互联网络发展状况统计报告》显示，截至2019年6月，我国网络直播用户规模已超过4.33亿，占全体网络用户总数的50.7%。网络直播用户规模的不断扩大，为网络直播提供了庞大的用户群体和粉丝基数，推动了网络直播业的兴起和发展。[②]

在当前全民直播的环境下，由于直播行业的监管不力，网络主播在为观众“表演”时会出现某些失范行为，引发了网络直播的各种乱象，严重扰乱和危害网络空间秩序，如“TD、正直博”的大尺度涉黄直播事件和游戏主播卢某伟游戏“开挂”事件等。作为新兴行业，网络直播面向的是不特定群体，而且其受众上限一直被刷新。所以，网络主播的影响力不亚于专门从事影视行业的明星。在此背景下，针对网络直播内容低俗化的监管困境、网络主播群体的失范行为及其产生原因和应对策略进行深入研究，对于推进网络直播的良性发展和营造文明健康的网络环境，具有重要理论意义、现实价值和实践指导作用。[③]

---

① 《2021年中国电竞游戏直播行业发展现状分析：观看人数逐年增加》，载产业信息网2021年12月14日，https://www.chyxx.com/industry/202112/989328.html，2021年12月25日。

② 中国互联网络信息中心：第44次《中国互联网络发展状况统计报告》，载中国互联网络信息中心官网2019年8月30日，http://www.cac.gov.cn/2019-08/30/c_1124938750.html，2021年12月25日访问。

③ 《“清朗·‘饭圈’乱象整治”专项行动取得了哪些成效?》，载中国网2021年11月16日，https://www.sohu.com/a/508261222_120099904，2021年12月25日访问。

二、网络直播失范及其研究方法

（一）网络直播、网络主播与偶像群体

网络直播，又称互联网直播服务，是一种依靠互联网网站、应用程序等为平台，[①]以视频、音频、图文等多种形式相结合向社会或公众发布信息并实时互动的活动或过程。[②] 网络直播充分吸取了互联网交流门槛低、内容直观、传播快速、交互性强和不受地域限制的优势，创新了人际交往、内容传播和经济发展的新模式，成为社会经济、文化和生活发展的新趋势，但其过度娱乐化、商业化和工具化的运营形式也引发了诸多乱象，多为人们所诟病。[③] 网络直播平台是由运营商、主播和用户三者构成的，以电脑端或手机端为载体，[④]进行实时交流的新型网络组织形式。[⑤] 为便于区分上述概念，本部分将网络直播界定为以网络主播为主体所主导的网络互动行为及其过程，而网络直播平台则是服务直播行为的技术支持和管理手段的集合体。

（二）网络主播与偶像群体

网络主播是基于互联网信息技术产生的一种新兴职业群体，是网络直播行为的主体。他们往往以文化娱乐、信息传播或带货直播等行为方式，通过粉丝打赏和流量变现等方式获得经济收益。在直播过程中，由于观众身份的不确定性、粉丝数量的巨大及实时互动的交流方式，网络主播所处的网络直播空间已属于完全意义的公共空间，具有公众人物属

---

① 许向东：《我国网络直播的发展现状、治理困境及应对策略》，载《暨南学报（哲学社会科学版）》2018 年第 3 期。

② 付业勤、罗艳菊、张仙锋：《我国网络直播的内涵特征、类型模式与规范发展》，载《重庆邮电大学学报（社会科学版）》2017 年第 4 期。

③ 《网络直播营销管理办法（试行）》，参照国家互联网信息办公室，http://www.cac.gov.cn/2021-04/22/c_1620670982794847.htm.

④ 刘凯丽：《我国网络直播平台的政府监管问题研究》，长春工业大学 2019 年硕士学位论文。

⑤ 刘奇：《网络直播平台监管模式研究》，华东政法大学 2020 年硕士学位论文。

性。其行为所体现的思想意识和价值取向都会对互动群体的社会认知、价值观念及行为模式产生“迁移式”影响。因此，网络主播的言行往往成为观众关注的焦点，是网络直播失范行为研究的对象和重点内容。①

“偶像”一词源于宗教意义的神像，现泛指受到人们喜爱、欣赏乃至崇拜的人物。② 偶像型群体是对当前粉丝群体、网红群体和“饭圈”的统称，是指因对崇拜对象的高度喜爱所形成的具有高度社会认同和凝聚力的社会群体。偶像型群体具有结构单层次性、运作非正式性、功能不完善性及规模小型化的特点，是具有高度文化共享和价值认同的封闭性空间。③ 偶像型群体原多形成于对偶像的认同和喜爱，是一种情感型群体。在“网红经济”和“社群营销”的理念出现后，偶像型群体已经成为网络主播开展直播带货的主要模式和渠道，具有显著的泛娱乐化、逐利化和工具化的特征。

(三)失范与网络直播失范行为

失范行为的概念源于社会学领域。失范是一种因为规范缺失、规则模糊或者规则变化多端，致使社会成员丧失行为参照标准所导致的行为无序和行为混乱的社会现象。④ 失范行为，是指与社会规范或原则相违背的冲突行为。网络直播失范行为则是在网络直播空间因行为主体的言行与社会规范体系发生冲突所呈现出的无序化状态及其表现。⑤ 我们认为，网络直播失范行为，是指在直播过程中出现的违背现行价值体系、法律法规、文化规范和伦理道德的网络行为，产生主体包括网络主播、直播观众及直播平台等。目前，人们将网络直播的失范行为归结为

① 陈纯柱、刘娟：《网络主播监管中的问题与制度构建》，载《探索》2017 年第 6 期。

② [美]约翰·霍洛韦尔：《非虚构小说的写作》，仲大军、周友臬译，春风文艺出版社 1988 年版。

③ 王艺璇：《网络时代粉丝社群的形成机制研究——以鹿晗粉丝群体“鹿饭”为例》，载《学术界》2017 年第 3 期。

④ [法]埃米尔·涂尔干：《社会分工论》，渠东译，生活·读书·新知三联书店 2000 版。

⑤ 贾毅：《网络直播的失范与规范》，载《中州学刊》2019 年第 8 期。

网络直播乱象，多具有低俗化、粗俗化、庸俗化和暧昧化等特征。[①] 网络直播失范行为不仅不利于网络直播业的发展，也会损害用户权益和社会秩序，是需要加以规范、矫正、限制乃至处罚的行为。[②]

（四）研究方法和思路

网络直播失范是一种复杂的社会现象，为此，本部分采用四种方式方法，通过整合定性和定量研究以进行综合性研究。采取的主要研究方法有：

一是文献分析法，重在收集和梳理已有研究成果，整理网络直播失范的理论研究，挖掘网络直播失范的经典案例，梳理网络直播失范的研究思路，发现网络直播失范的根本原因。

二是案例分析法，意在研究网络直播行为失范典型案例，归纳其共同属性和特点，从理论和现实两个层面归纳网络直播失范行为的外在表现，深入剖析引起行为失范的原因。

三是田野调查法，主要是通过参与观察，大量观看各类主播的表演，从中了解和发现网络主播以及观众群体文化素养与行为表现。另外，我们还对"斗鱼"直播平台比较出名的十几位网络主播进行了追踪调查，不定期浏览这些网络主播的微博等社交账号，进一步了解网络主播群体的日常生活、价值追求和思想观念等。

四是根因分析法，主要是从"人——事——物——理"四个层面对网络直播失范行为进行结构化分析，以发现和挖掘其本质原因。其中，"人"，即网络直播失范行为主体，主要为网络主播和直播平台；"事"，即网络直播失范行为典型案例；"物"，即网络直播失范行为产生的环境要素，包括技术要素和机制要素；"理"，主要是指网络直播失范行为的发生规律及其内在逻辑。

同时，本文创新性提出"倒金字塔"的研究模式，其主要步骤为：文

① 《网红与网络直播的乱象》，详细见 https://www.sohu.com/a/118496448_501931，2021年12月25日访问。

② 曹宇轩：《网络直播失范行为及其治理研究》，湖南大学2017年硕士学位论文。

献调查——案例分析——根因分析——对策研究。其中,文献调查,以发现和归纳当前网络直播的发展现状和学界研究动态为主;案例分析,即田野调查,结合具体事例进行针对性的实证分析和验证研究;根因分析,结合理论探讨和实证研究,挖掘网络直播乱象的本质性因素;对策研究,也就是对标网络直播乱象产生的根本原因,提出针对性应对策略和措施。

三、文献调查:网络直播失范行为的理论探析

因其广泛且深刻的社会影响,网络直播现象成为近年来学界的关注焦点,并取得丰硕的研究成果。本部分以中国学术文献总库(CNKI)为数据源,截至2021年12月,以“网络主播 or 网络主播”为检索式进行高级检索,共搜索到相关文献3679篇,其中中文期刊论文2433篇,学位论文522篇,报纸报道184篇,其他类型540篇。将检索式细化为“网络主播 or 网络主播 and 失范”后,只发现相关文献78篇,其中期刊论文56篇,学位论文22篇。可见,与日渐趋热的网络直播研究相比,失范行为研究还需要学界的深入探讨。基于上述文献,下文将从群体失范行为理论、网络主播失范行为和网络直播平台失范行为三个层面对上述文献进行梳理和分析。

(一)群体失范行为理论研究

国内学者将群体失范行为理论作为网络直播失范行为研究的逻辑基准点,主要集中在三个方面,一是失范行为界定。研究认为,失范行为不仅仅是失范的外在表现形式,其本质主要是行为主体在思想意识和情感态度上对规范的偏离和放弃。① 从行为产生的深层结构来看,失范行为是存在于特定的社会逻辑和社会文化范围之内,往往由对社会规范的不适应、不清晰乃至放任所导致的违背和僭越。② 也就是说,依据失范行为主体自身的价值观念和知识体系认为,失范行为具有其内在合理性和社会逻辑依据。网络失范行为是在互联网背景下群体失范行为的新

---

① 袁亚愚、詹一之:《社会学:历史理论办法》,四川大学出版社1992年版。

② 高兆明:《社会失范论》,江苏人民出版社2000年版。

形式，具有更为广泛的影响，需要结合网络传播模式及其交往特点开展分析和探讨。二是失范行为成因研究。从因果逻辑结构的视角来看，失范行为是行为主体与其环境互动的结果，它的产生由四个方面因素决定，分别为环境因素、主体条件、激发因素和心理条件。[①] 同时，网络失范行为的产生和发展也有其独有的生成机制，[②]主要包括行为空间因素，如活动形态的转变、主体身份的转换及活动环境的改变；失范行为主观因素，如道德自律缺失、群体责任扩散、缺乏规范意识等；失范行为客观因素，如网络空间虚拟化、网络规范缺失、现实社会的负面影响及监督控制乏力等。[③] 三是失范行为治理研究。从社会文化角度来看，失范行为治理是一项复杂的社会工程，[④]其防范策略的构建和实施需要强化社会文化规范和价值观教育，提高行为主体的文化底蕴和精神内涵，优化行为主体的心理素质。[⑤] 从政府治理视角来看，应该建立政府治理的柔性机制和刚性机制，前者是指在发挥政府导向作用的前提下，创新政府治理理念和增强行为主体道德意识，后者则是指通过建立预警机制、应急机制和恢复机制凸显政府的主导作用。[⑥]

（二）网络主播失范行为研究

以“网络主播 and 失范行为”和“网络主播 and 乱象”进行检索，可以发现，作为互联网行业的新兴职业群体，目前社会各界对网络主播的概念界定尚有一定的模糊性和不确定性，也就导致了对网络主播失范行为研究的碎片化和多元性。总体来讲，当前学界对“网络主播”的界定分为四个角度：一是社会身份，基于新技术所产生的社会服务从业人员，

---

① 吴铎主编：《社会学》，高等教育出版社 1992 年版。

② 曾舟：《网络群体行为失范的政府治理机制研究》，电子科技大学 2012 年硕士学位论文。

③ 李一：《网络失范行为的形态表现、社会危害与治理措施》，载《内蒙古社会科学》（汉文版）2007 年第 6 期。

④ 乐国安、江国平：《略论我国市场经济运行初期的破坏性失范行为》，载《南开学报（哲学社会科学版）》1997 年第 3 期。

⑤ 同上。

⑥ 曾舟：《网络群体行为失范的政府治理机制研究》，电子科技大学 2012 年硕士学位论文。

具有技术性和行为新潮等特点。[①] 二是群体构成，年龄介于20岁到30岁，以社会青年或学生为主体的社会群体，具有草根性、平民性和娱乐性的特点。[②] 三是传播渠道，以网络视听交流平台为媒介，使用电脑、摄像头、声卡、麦克风等设备，凭借视频、语音、文字等多种数据手段，与广大网民实时进行“面对面”交流，其动态性和及时性是对现有主播职业行为的解构。[③] 四是利益获取，借助于资本运营，以粉丝打赏、网络直销、网络代理等方式获取经济利益，具有强烈的逐利动机。[④]

1. 网络主播生存现状研究

学界认为，网络主播自身低龄化和低学历的人口学特征，身份形象虚拟化、功能定位娱乐化和演播模式自主化的工作环境，以及明星化、商业化和利益化的职业要求等状况，给网络直播带来诸多问题，一是行业进入门槛较低导致网络主播的知识层次参差不齐。二是演播技能培训和学习的匮乏导致网络主播的业务能力良莠不齐。三是生存压力和需求促使网络主播出现过度逐利倾向。四是直播互动的不确定性[⑤]也给网络主播带来巨大的心理压力。[⑥] 五是社会公众对网络主播的整体认知和评价，构建了“心怀梦想，坚韧不拔”“赚钱轻松，年入百万”，以及“赚钱不易，背后心酸”的群体形象；但因为网络主播裸露身体器官、直播“造人”、直播吃灯泡等负面行为的发生，[⑦]其形象也有被“污名化”趋势。[⑧]

2. 直播内容的失范行为研究

直播内容失范是网络直播失范的主要体现。研究认为，流量至上和流量为王的理念和思想催生了网络直播的内容失范，主要表现为，一是

---

① 《网络主播》，详细见百度百科，2021年12月25日访问。

② 郝君怡：《热门网络主播的身份特征分析》，载《中国广播电视学刊》2018年第2期。

③ 黄勇军、张国建：《网络主播的特性与监管》，载《中国广播电视学刊》2016年第5期。

④ 《记者调查网络直播“打赏”乱象，专家的评论触目惊心》，载中国青年网2021年5月16日 https://www.360kuai.com/pc/9122fb562125013fe?cota=3&kuai_so=1&tj_url=so_vip&sign=360_57c3bbd1&refer_scene=so_1，2021年12月25日访问。

⑤ 张颖：《网络主播的现状、问题与规制》，载《传媒》2018年第18期。

⑥ 刘彦华：《网络主播生存状况调查》，载《小康·财智》2016年第7期。

⑦ 张书雅：《直播热潮下的网络主播研究》，吉林大学2018年硕士学位论文。

⑧ 张栋杰：《网络新闻报道中网络主播“污名化”研究——以新浪网、人民网为例》，长安大学2019年硕士学位论文。

直播内容低俗。网络主播为博得网民关注、增加访问量，直播涉黄、涉暴等内容，严重污染了网络空间并违背法律规范，如直播聚众斗殴等。二是直播内容散播虚假信息。某些无良主播打着慈善公益的幌子，做伪公益直播，吸引群众眼球赚取流量，从而实现流量套现以发不义之财。[①] 三是直播内容侵犯他人隐私。如某网约车司机故意引诱多名女乘客说出个人隐私信息，并直播双方的聊天互动等。[②] 四是直播语言低俗。直播过程充斥污言秽语、带有性暗示的话语及暴力言语等。[③] 五是弹幕语言和交流符号的粗俗。作为网络直播的重要组成部分和表达方式，[④]弹幕语言和符号往往也会涉黄涉毒，成为网络直播失范的重要形式。[⑤] 六是缺少对未成年人的保护和限制。部分主播违背法规和道德规制，允许未成年人进入直播间，并传播涉黄、涉毒、涉赌信息，影响未成年人的健康成长。[⑥]

3. 网络主播的社会责任研究

网络主播社会责任的研究起步较晚，相关研究可以概括为三个方面。一是对网络直播社会责任概念的界定。学界认为，网络直播的社会责任是指网络直播平台或个人，在网络直播过程中所承担的影响行业良性发展，以及对国家安全、社会稳定、公众身心健康所应承担的政治、法律、经济、文化、道德及公益责任等。[⑦] 二是基于社会责任视角的网络主播的社会角色与定位。[⑧] 由于其传播形式和巨大影响力，网络主播可以起到准明星作用，发挥“榜样”的效应，成为全民娱乐的引领者、知识信

① 邱莹莹：《网络直播法律规制研究》，载《法制博览》2019 年第 22 期。

② 王娟：《我国网络直播内容监管问题研究》，北京邮电大学 2018 年硕士学位论文。

③ 王涵天：《我国网络直播低俗化现象研究》，苏州大学 2017 年硕士学位论文。

④ 王丽、李理：《网络主播的污名化及其伦理困境：一项网络民族志研究》，载《新闻与传播评论》2018 年第 4 期。

⑤ 姜雅雯：《网络主播色情直播的定罪问题研究》，载《安徽警官职业学院学报》2019 年第 1 期。

⑥ 王娟：《我国网络直播内容监管问题研究》，北京邮电大学 2018 年硕士学位论文。

⑦ 于建华、赵宇：《网络直播的社会责任研究》，载《中州学刊》2020 年第 12 期。

⑧ 黎玉霄：《网络传授互动中网络游戏主播的媒介素养探析》，载《新闻研究导刊》2016 年第 20 期。

息的传播者、新型经济的助推者和网络文化建设的主力军。[①] 如新冠肺炎疫情期间,YY 直播等直播平台就在捐赠抗疫物资、传播抗疫信息和促进经济复苏等方面发挥了积极作用。[②] 三是网络主播的社会责任体系构建,主要包括维护国家利益和传播主流思想的政治责任、遵纪守法和坚守法律底线的法律责任[③]、引导大众和维护网络文明的道德责任[④]、娱乐大众和传播正能量的文化责任,以及关爱社会和实现个人价值的公益责任等。[⑤] 其中,学界对网络主播的纳税和逃税问题已重点关注,针对打赏礼物的法律属性开展专门研究,并建议以大数据为基础建构网络主播的税收监管体系。[⑥]

4. 网络主播自身素养与直播失范行为研究

作为"互联网新经济下的蛋",[⑦]网络主播群体顺应潮流应运而生,并逐步形成网络主播行业产业链。[⑧] 作为产业链的核心和主导,网络主播的自身素养是致使失范行为发生的关键因素,原因在于,一是网络主播群体存在职业生涯周期短、上升通道窄、发展不稳定等问题,容易导致网络主播追求眼前利益,缺少职业发展的长远规划;二是网络主播自身的知识构成、文化品位、生活阅历和道德操守等,都决定了网络直播的价值追求、内容选择、直播风格、言语方式和互动模式,也成为失范行为发生的决定性因素;三是网络主播对自身角色定位及直播社会功能和社会价值认知,成为直播失范行为发生的心理判断依据。研究认为,网络主播应建立终身学习的理念,不断提升自身素养,优化职业生涯规划。[⑨]

---

① 王子龙:《直播 APP 下的全民网络主播初探》,载《新闻研究导刊》2016 年第 4 期。

② 包圆圆:《新冠疫情下网络直播行业社会责任治理研究》,载《中国广播电视学刊》2020 年第 7 期。

③ 杨辉:《从"网络主播"的兴起谈播音员主持人的职业坐标》,载《传媒论坛》2019 年第 14 期。

④ 管雅月:《网红直播的兴起、演变路径及盈利方式》,载《新闻论坛》2018 年第 5 期。

⑤ 符琳:《社会责任理论视角下网络主播的失范问题及其对策研究》,华中师范大学 2019 年硕士学位论文。

⑥ 马宽:《网络主播的个人所得税征税问题研究》,载《纳税》2020 年第 13 期。

⑦ 李红艳:《虚拟世界里,他们在歌唱——一台电脑,一个摄像头,一个麦克,一副好嗓子,一个新职业》,载《北京日报》2014 年 9 月 16 日。

⑧ 陈纯柱、刘娟:《网络主播监管中的问题与制度构建》,载《探索》2017 年第 6 期。

⑨ 张颖:《网络主播的现状、问题与规制》,载《传媒》2018 年第 18 期。

同时，也有研究建议，应在高校设立网络主播学历教育试点，培养一批专业技能扎实、理论知识丰富、业务技能前卫、思想意识端正的“理论＋实践”型网络主播。①

5. 网络主播监管困境与失范行为研究

由于立法的滞后性及执法力度的欠缺，对网络主播的监管存在着如下困境亟待解决：一是缺少对网络主播准入的硬性监管，出现了“全民直播”的现象，应以实名认证和持证主播为网络主播的准入底线；二是难以监管网络主播与平台的劳动关系，主要是网络主播行业人员进出混乱，难以确定其劳动关系；三是对网络主播的纳税状况监管困难，主要是因为不同直播平台的收入结算方式不统一及金融支付方式的差异；四是网络直播中个人隐私权保护的监管存在困难，主要是因为直播内容的即时性和观众的猎奇心理。②

（三）网络直播平台失范行为研究

网络主播对于网络直播平台来说就是“鱼和水”的关系，前者是依附于网络直播平台的职业群体，后者则是网络直播运行的承担者和主力军。网络直播平台构建了网络直播行为的生态体系，对网络主播失范行为的产生和制约起着决定性作用。③ 以“网络直播 and 失范行为”和“网络直播 and 乱象”进行检索，可以看到，通过对网络平台现状及问题的研究来探讨网络主播群体形象和行为特征也是学术界的热门话题，主要体现为如下四个方面内容。

1. 网络直播平台失范行为表现研究

网络直播平台是整个直播生态体系的构建者，对网络直播具有价值引领和行为导向作用，是影响网络直播失范行为的根源性要素。根据目前学界的研究来看，网络直播平台失范行为主要体现在如下三个方面：

① 符琳：《社会责任理论视角下网络主播的失范问题及其对策研究》，华中师范大学2019年硕士学位论文。

② 陈纯柱、刘娟：《网络主播监管中的问题与制度构建》，载《探索》2017年第6期。

③ 蔡凯莉：《网络直播平台的生存现状与发展策略研究》，南京师范大学2017年硕士学位论文。

一是数据造假现象。数据造假是网络直播平台运营中存在的普遍现象，其目的是营造在线人员众多以致人气爆棚的假象，以吸引粉丝购买礼物，进而提升平台业绩。其主要形式是直播团队购买粉丝、直播平台赠送粉丝和数据公司直接造假。二是网络直播平台之间的无序和恶性竞争行为。追求利益最大化导致网络直播平台之间的恶性竞争乱象频发，主要表现为各直播平台对主播资源的抢夺。网络主播都具有自己固定的粉丝群和巨大的影响力，尤其是明星主播。优质主播的多寡往往是平台实力的象征和表现。为了吸引优质主播，各大直播平台都采取了不同的手段和方法，如“斗鱼”直播平台曾花费6000万元挖走“虎牙”直播平台的6名知名主播。[①] 三是对网络直播失范行为的放任，也可以说是社会责任的缺失。出于经济利益的驱动，网络直播平台往往以技术落后为借口，对某些失范行为，乃至违规行为采取视而不见或严查轻罚的方式，放任或纵容了网络直播失范行为的发生，最终导致乱象频生。如经常发生的未成年人参与直播事件等。

2. 网络直播平台监管的法律规制研究

任何行业及其从业者都必须受到法律和规范的制约。学界对于网络直播平台法律规制的研究主要集中于如下三个层面。

立法层面，学界持有如下观点，一是网络直播管理法律文件多为部门规章和规范性文件。法律位阶较低，缺乏权威性，影响了网络直播的监管效力。[②] 二是相关法律规制之间协调性不足。尽管目前已经出台了五部与互联网直播有关的规范性文件和相应的地方性法规，但法规之间缺少衔接和连贯性，还存在某些法律法规无法管制的真空地带或灰色地带，如缺少对未成年人网络保护的规定及网络直播平台的法律救济问题等。[③] 三是对网络直播管理的立法碎片化。所出台的相关规范性文件的主体涉及多个行政部门，部门利益特征明显，指向性较强，缺少普遍

① 刘竹羽：《网络直播存在的问题及对策研究》，湘潭大学2018年硕士学位论文，第18页。

② 于志刚、于志强：《中国网络法律规则的完善思路：行政法卷》，中国法制出版社2016年版。

③ 周翠华：《网络直播打赏民事法律问题研究》，山东财经大学2021年硕士学位论文。

性规则和规定。①

执法层面，研究认为，网络直播监管的执法也存在诸多问题，一是多头监管和多部门执法，由于参与监管执法部门较多，且缺少统一和协调，经常出现交叉监管或监管缺位的情况。二是对直播失范行为界定模糊，而且相关惩罚措施宽泛，导致监管执法缺少针对性。② 三是监管执法手段单一。当前网络直播监管部门的监管手段只有行政许可、行政处罚或行政强制，具有强烈的强制性和命令性，既不利于调整监管部门和直播平台之间的矛盾，也不利于保护网络主播或用户的合法权益。四是网络直播相关法律法规宣传力度不够，尚未能够建立网络直播行业学法、知法和守法的文化氛围。③

行业公约制定层面，研究发现，目前国内的行业自律公约主要有两种：第一种是各平台自己制定，主要是对平台自身的约束，多为各类平台制定的管理办法和管理条例；第二种是多个直播平台联合发布的行业公约。如北京市网络表演（直播）行业于 2016 年 4 月发布的《北京网络直播行业自律公约》等。但上述行业自律和公约文件都普遍存在着内容粗略、规定宽泛及可执行性不足等问题。④

3. 网络直播平台监管机制和监管模式研究

网络直播平台监管机制研究成果主要归纳为如下六个方面：一是应从国家层面优化顶层设计，明确权责划分，构建责任权利清晰的监管体系。二是目前平台准入标准缺少科学性和规范性，应该建立严格的准入资格审查制、跨平台的主播档案制，以及针对主播和用户建立信用评价体系等。三是网络直播平台经营收入管理制度不合理，致使网络主播的经济收入难以监管。⑤ 四是行业自律机制尚待完善。网络直播行业缺

① 成沛燕、徐学伟、代指纤：《我国网络直播立法的缺陷及完善》，载《法制博览》2019 年第 19 期。

② 罗宁：《网络直播色情表演法律问题研究》，载《法制博览》2018 年第 11 期。

③ 曹宇轩：《网络直播失范行为及其治理研究》，湖南大学 2017 年硕士学位论文。

④ 王奕涵：《多中心协同治理模式下网络直播管理研究》，河南理工大学 2019 年硕士学位论文。

⑤ 黄勇军、张国建：《网络主播的特性与监管》，载《中国广播电视学刊》2016 年第 5 期。

少具有较强公信力的行业协会和可操作性强的行业公约。[①] 五是平台缺乏未成年人监管机制,[②]往往放任未成年人参与网络直播及与网络主播的互动。[③] 六是现有机制无法化解监管主体、直播平台与网络主播在利益需求和社会责任之间的冲突和博弈。[④] 网络直播治理模式是对其治理机制的综合、提炼和总结。

网络直播平台监管模式研究成果可总结为如下三个方面:一是多元治理理念及实现模式。理念上,政府部门要从全权管理的思维转变为参与各方协同治理思维;组织架构上,建立多头监管体制,优化监管组织结构,引入社会第三方监管主体参与网络直播治理;行为上,完善监管程序和监管内容,实现政府、企业、用户、技术社区、行业协会等对网络直播行为的实时监管与治理。[⑤] 二是嵌入式网络直播治理模式。嵌入式治理模式又称为"嵌入式协同治理模式",主要是通过机构重组、行业联盟及公约签订等方式将网络直播的国家战略发展需求和社会安全需求嵌入网络直播平台的内部结构、关系和规范之中。[⑥] 三是运动式治理模式。运动式治理是指对相关社会难题进行突击检查和重点突破的治理过程,往往整治工作也会随着问题的减缓或消除而结束,是网络直播治理碎片化及其长效监管机制缺失的表现。[⑦] 如 2017 年文化部主导开展的专项整治活动等。[⑧]

4. 网络直播监管技术应用与发展研究

网络直播监管技术可以更加直接有效地发现有害信息和行为并阻止其扩散。本部分的重点不在于网络直播监管技术的创新和研发,而在于监管技术的借鉴和应用。因此,文献检索调查仅限于社科类文献研究。

---

① 李俊泽:《网络直播监管的完善》,广西大学 2019 年硕士学位论文。

② 马一非:《当代网络直播乱象及整治对策》,载《新媒体研究》2019 年第 10 期。

③ 裴桐:《探析国内网络直播平台伦理失范问题》,载《新闻研究导刊》2016 年第 16 期。

④ 王欢、庞林源:《网络直播监管机制及路径研究》,载《出版广角》2017 年第 6 期。

⑤ 王新鹏:《论我国网络直播监管体制的完善》,载《电子政务》2019 年第 4 期。

⑥ 姚安安:《多元治理视角下网络直播监管研究》,中国矿业大学 2018 年硕士学位论文。

⑦ 刘佳兴:《我国政府网络直播监管问题研究》,吉林大学 2018 年硕士学位论文。

⑧ 王奕涵:《多中心协同治理模式下网络直播管理研究》,河南理工大学 2019 年硕士学位论文。

目、“小映扶贫计划——寻找最美乡村代言人”等；[①]三是面向全网直播平遥的120多个代表性案例，如40名主播涉黄被永久封禁事件等。[②]

案例一：“TD、正直博”因直播尺度过大被“斗鱼”直播平台封杀

“TD、正直博”，出生于湖北武汉，是“斗鱼”直播平台的知名户外主播，有着“武汉一哥”之称。[③] 由于早期节目做得十分优秀和新颖，加上主播的高颜值和直播间经常出现的美女嘉宾，“TD、正直博”具有较大的吸引力，成为户外直播领域的知名主播。“TD、正直博”在户外直播时会给粉丝讲正能量的故事，受到粉丝的喜爱和追捧。然而，随着户外直播竞争加剧，尤其是“339”“赛文柒”等新人以新颖的直播内容受到观众的认可和好评，吸引了大批观众关注。为吸引更多粉丝，“TD、正直博”在2019年7月13日直播中进行了大尺度表演。当天，一位17岁未成年人的父亲，无意间看到自己的儿子正在看“TD、正直博”的直播，内心十分担忧，他认为这一系列的低俗表演对未成年孩子造成了心灵上的伤害，并在微博发声，希望有关部门重视和封禁这种低俗的表演。随后，“TD、正直博”因直播内容过于低俗和尺度过大遭到“斗鱼”直播平台的封杀，直播房间永久关闭，其直播生涯宣告结束。[④]

案例二：“乔碧萝殿下”因“露脸事件”被B站和“斗鱼”直播平台永久封禁

出生于1990年7月的王某锦，外号“乔碧萝殿下”，曾是直播“APEX”英雄“斗鱼APEX”分区主播，主要直播内容为游戏及唱歌。直播时多以甜美的声音和大家聊天，但往往会用卡通图像遮挡其面部。

2019年7月25日，“乔碧萝殿下”在直播中遮挡面部的卡通图像掉落，真实相貌曝光，引发网友对“萝莉变大妈”的热议。

---

① 《2020直播行业创新案例TOP10》，载互联网周刊2020年6月8日，https://baijiahao.baidu.com/s? id=1668893886759465713&wfr=spider&for=pc，2021年12月25日访问。

② 《坚决抵制！88人被封禁！名单公布！》，载徐州都市晨报2021年11月23日，https://www.thepaper.cn/newsDetail_forward_15526813，2021年12月25日访问。

③ 《斗鱼户外主播正直博遭家长举报，又一个大主播要被封杀了?》，详细见https://www.sohu.com/a/326472059_100191959，2021年12月25日访问。

④ 《斗鱼知名户外主播被封杀，深夜直播间不堪入目，遭家长集体举报》，详细见https://www.sohu.com/a/326756295_668577，2021年12月25日访问。

之后,王某锦在7月30日的直播中承认“露脸事件”为其精心策划,历时半年,前后共计花费近28万元,以制造热度,吸引流量,蓄意炒作,谋取私利。但随后,王某锦又在微博上否认了前期策划一说,称这一事件并非蓄意为之,企图推翻原有说辞。8月1日,“斗鱼”直播平台经调查核实这是主播团队为吸引网络关注自导自演的一出闹剧。随即,“斗鱼”直播平台宣布永久封停其直播间,禁止其在“斗鱼”直播平台任何板块直播,包括鱼吧等功能也被禁止。随后,“乔碧萝殿下”转战“虎牙”直播平台,亦被其封禁。8月4日,“乔碧萝殿下”在Bilibili(以下简称“B站”)进行直播,被B站永久封禁。2019年8月6日,中国演出行业协会网络表演(直播)分会正式发布第三批主播黑名单,“乔碧萝殿下”赫然在列。

案例三:知名主播卢某伟游戏开挂引发骂战被“斗鱼”直播平台封禁

卢某伟,我国香港人,出生于1993年8月,又称“五五开”“卢老爷”。曾为中国皇族电子竞技俱乐部(现更名为RNG电子竞技俱乐部)英雄联盟分部中单选手,曾获电子竞技类赛事冠军等多项荣誉。退役后主要从事游戏直播,“伞兵一号卢某伟准备就绪”“全体起立”等视频多次出圈,在直播界颇具影响力,坐拥1300万粉丝。

2018年,卢某伟因为在直播《PUBG》(中文名为《绝地求生:大逃杀》,俗称“吃鸡”)时,使用作弊外挂软件(以下简称“开挂”)以提高“吃鸡”胜率,增强直播效果,被网友发现并在微博上曝出其使用外挂的证据。2018年11月29日,B站UP主——“松鼠打不过仓鼠”上传了一段卢某伟开挂“实锤”视频。视频中指出,“斗鱼一哥”卢某伟在《绝地求生》中使用八倍镜SKS不屏息,质疑其为游戏“开锁人”及透视外挂。虽然他坚称自己没有“开挂”,但此事还是引发了网民的持续关注。随后,网民突然爆出卢某伟在其线下粉丝会上,对质疑者进行辱骂,甚至教唆粉丝骂人,造成了极其恶劣的社会影响。同时,网民还将卢某伟线下粉丝见面会引导未成年人辱骂质疑者的视频实名举报给“广电总局”,卢某伟不堪压力公开对参加粉丝会的粉丝道歉。最终,卢某伟直播账号被封，且共青团中央的官方微博对卢某伟的行为提出批评。[①]

案例四：陈某发因言论不端被封禁

陈某发是“斗鱼”直播平台的女主播，直播内容以唱歌、打游戏和聊天为主。[②] 2018 年 7 月 31 日，“斗鱼”直播平台主播陈某发被挖出在 2016 年的一次直播中，公然把南京大屠杀等民族惨痛记忆，作为调侃的笑料。与此同时，网民也在其个人微博中发现更多不当言论。事件发酵之后，陈某发发布道歉声明，承认自己拿历史事件开玩笑的做法是错误行为，所说话语完全出于自己的一时口快，并且表示本人也对自己的言行非常后悔和自责。陈某发的行为遭到央视网官博点名批评，发表标题为《公然挑战道德底线！女主播调侃历史惨痛记忆引不满》的官微。之后，“斗鱼”直播平台发表声明，永久封禁主播陈某发的直播间，其署名作品遭全网下架。[③]

案例五：“加衣行动 为爱 +1”，回馈社会

随着企业的发展壮大，“斗鱼”直播平台开始重视其社会责任和社会公益。基于自身的发展优势，“斗鱼”直播平台积极探索履行社会责任、传播正能量的方式。2020 年，为让高寒地区的孩子们感受到温暖和关爱，“斗鱼”直播平台联合公益组织“爱心衣橱”，共同发起“加衣行动 为爱 +1”主题公益活动，向新疆维吾尔自治区伊犁州特克斯县喀拉苏教学点的孩子们捐助冬衣。活动分为“公益拍卖”“衣物装箱大挑战”，以及线下“快乐的一天”陪伴式直播等多种形式。在寒冷的冬日，为喀拉苏的孩子们送去温暖。“加衣行动 为爱 +1”活动为行业内部树立了积极向上的标杆，被评为“2020 直播行业十大知名案例”。[④]

---

① 《斗鱼主播卢本伟和陈一发被封禁事件——对事件的分析、反思、比较》，详细见 http://media-ethic. ccnu. edu. cn/info/1177/2250. html，2021 年 12 月 25 日访问。

② 《斗鱼：禁封主播陈一发儿直播间》，详细见 https://baijiahao. baidu. com/s? id = 1607510897669295652&wfr = spider&for = pc，2021 年 12 月 25 日访问。

③ 《斗鱼一姐陈某发被封！只因侮辱历史》，详细见 https://www. sohu. com/a/244705626_689968，2021 年 12 月 25 日访问。

④ 《2020 直播行业创新案例 TOP10》，载互联网周刊 2020 年 6 月 8 日，https://baijiahao. baidu. com/s? id = 1668893886759465713&wfr = spider&for = pc，2021 年 12 月 25 日访问。

（二）双刃剑：网络直播与网络主播的社会影响

随着互联网科技的高速发展和经济水平的快速提高，我国网络直播进入井喷阶段，社会资本大量投入，直播平台数量不断增加，主播队伍规模不断壮大，直播观众人数飞速增长。据第44次《中国互联网络发展状况统计报告》（以下简称《统计报告》），截至2019年6月，我国网民用户规模超过8.54亿，互联网普及率达61.2%。其中，手机用户网民规模高达8.47亿，用户借助手机终端接入互联网的比例由2018年底的98.16%提高至99.1%。此外，根据《统计报告》显示，截至2019年6月，我国拥有高达4.33亿网络直播用户，较2018年底增长3646万，用户规模迅速扩大，已经占据了网民群体总数的50.7%。其中，交友互动直播和体育赛事直播的用户规模分别为2.05亿、1.94亿，分别占网民群体总数的24.0%、22.7%；游戏直播的用户规模较大，高达2.43亿，占网民群体总数的28.4%，演唱会直播的用户规模明显低于前者，仅为1.16亿，占网民群体总数的13.6%。[①] 从某种程度来讲，直播平台规模的增加和网络主播数量的增长显示出其对就业的贡献度，而用户数量的增长说明了网络直播所具有的巨大社会辐射力和影响力。

图1　2016.6—2019.6 网络直播用户规模及使用率图

① 中国互联网络信息中心：第44次《中国互联网络发展状况统计报告》，载中国网信网2019年8月30日，http://www.cac.gov.cn/2019-08/30/c_1124938750.htm，2021年12月25日访问。

1. 内容的价值：网络直播的思想影响与示范效应

马克·扎克伯格（Mark Zuckerberg）说过，“视频是互联网所有娱乐项目中最简单直接、也最喜闻乐见的方式；社交则是全球网民最根本、最迫切的需求。二者的结合在满足用户需求的同时，还可以做到互动传播最大化”。[①] 直播内容的社会影响分为两个层面，一是言语交流及其蕴涵的思想意识和价值观念对直播观众有着潜移默化的影响。网络直播的正面作用在于帮助观众了解多元的价值观，培养多维度的社交观，有利于弘扬和培育社会主义核心价值观。但也存在一定的负面影响，内容的娱乐化、庸俗化和功利化降低了观众的价值追求，助推不良价值观的传播。[②] 二是主播的行为对观众具有示范和榜样作用。网络主播的公众属性使其成为“被凝视”的对象，[③]其言行往往成为观众效仿的对象，尤其是对缺少分辨能力的未成年人。如 2019 年 8 月，山东枣庄两名女孩因为模仿网络短视频用易拉罐制作爆米花引起爆炸和着火，导致一名女孩严重烧伤，一名女孩伤重离世。[④]

2. 形象的力量：网络主播人设的影响和作用

直播平台规模的扩张催生了网络主播群体。据统计，仅“六间房”一个直播平台就积聚了 6 万多个热门视频网络主播。[⑤] 网络主播人设是网络营销的重要手段，是对网络主播在外表、行为、性格等方面具有针对性的人为包装。成功的人设能拉近观众与主播的距离，带来较强的代入感和参与感，有助于弘扬和传播社会正能量。如深耕母婴用品营销的青藤文化为所签约的 50 余名主播分别设立了“颜值达人”和“母婴达人”的形象等。[⑥] 同时，也应看到，某些主播为增加观众关注度，往往会

---

① 周志军：《社交视频的玩法与“钱景”》，载《中国文化报》2013 年 7 月 19 日。

② 郭杰彬：《网络直播对大学生价值观的影响研究——以驻保高校为例》，河北大学 2018 年硕士学位论文。

③ 吴琼：《他者的凝视——拉康的凝视理论》，载《文艺研究》2010 年第 4 期。

④ 《女孩模仿“易拉罐制爆米花”不幸离世，其父欲状告短视频平台》，载观察者网 2019 年 9 月 7 日，https://www.guancha.cn/politics/2019_09_07_516910.shtml，2021 年 12 月 25 日访问。

⑤ 《南方周末揭秘：9158 女主播私房里隐藏的吸金秘术》，详细见 http://n.cztv.com/national/344292.html，2021 年 12 月 25 日访问。

⑥ 《2020H1 中国直播电商行业主播职业发展现状及趋势研究报告》，载艾媒咨询 2020 年 5 月 31 日，https://m.baobei360.com/research/detail-10009935.html，2021 年 12 月 25 日访问。

采用各种各样的千奇百怪的直播内容作为噱头,形成了"四俗"的社会印象,即衣着形象媚俗、展现形式恶俗、选择题材低俗及演播内容艳俗。[①] 网络主播作为传播主体,其人设角色和形象设计对观众有着直接的影响,往往成为观众效仿的对象。因此,主播人设具有"双刃剑"作用,既能成为传播社会正能量的创新模式,也能造成消极影响,传播不良信息,危害社会稳定。

3. 关系的作用:粉丝群体的社会文化价值

粉丝群体是通过直播平台,将用户与直播联系在一起,形成的"主播——粉丝"关系群。网络直播粉丝群体的形成往往是基于对主播言行、才华和观点的认同。比如,当前比较火爆的明星直播带货,商家与直播建立合作关系,利用明星的粉丝群体及其影响力,对商品进行展示与推广,有针对性地为用户提供差异化、可选择性和高品质的精准服务。但同时也应看到,粉丝群体的内部黏合度和积聚放大效应对社会文化极具冲击力,而由于对直播平台的监督和管理较为滞后,粉丝群体逐渐呈现复杂、多变和不确定的趋势,可以直接导致直播内容的失控,甚至为"黄赌毒"、低俗下流、拜金炫富、恶意侵权等各类违背道德底线、违法违规行为提供生长的土壤。

(三)多样性:网络直播失范的行为表现及特征

网络直播的传播过程涉及主播和用户。以两类主体为视角元点,网络直播过程包含了三种互动模式,即主播与用户、主播与主播、用户与用户之间的互动。主体之间的互动模式、互动对象及其诉求和需求差异也对其行为方式产生一定的影响。以此为基础,本部分主要归纳和发现网络直播失范行为的外在表现及其特征。

1. 网络主播和用户失范行为的表现形式

根据观察结果,结合相关文献研究,在网络直播过程中的失范行为具有如下形式。

---

① 黄勇军、龚力:《网络主播的失范及其监管发展体系的建构》,载《西南科技大学学报(哲学社会科学版)》2019 年第 2 期。

一是言行表现的低俗化和庸俗化。根据对上述案例的结构化分析，可以看出，网络主播失范行为的首要形式就是言语行为的低俗化和庸俗化。①

表 1 网络直播失范行为表现

行为主体	行为类型	表现形式
主播	低俗言行	喊麦、酗酒等
	污浊言行	侮辱、谩骂等
	失德言行	传播隐私、直播隐私等
	情色言行	裸体表演、言语挑逗等
	虚假言行	不实信息、虚假信息等
	侵权言行	隐私权、版权等
	暴力言行	打架、约架等
	极端言行	威胁、恐吓等
用户	炫富打赏	一掷千金
	污浊话语	谩骂、羞辱等
	低俗诉求	亲吻、脱衣等

二是直播内容的色情化和暧昧化。通过以上案例，我们可以看到，网络主播在直播过程中为了吸引观众的眼球，往往会在直播中掺杂一些近乎色情的大尺度低俗表演，来博得观众的喜爱，获得更多的浏览量。有关数据表明，直播用户中男性观众数量远高于女性观众数量。更有甚者，通过弹幕与主播互动，要求主播做出带有挑逗性暗示的行为，而主播为了迎合观众，满足观众的口味，愈发加大表演尺度，违反法律法规的相关规定。

三是渲染暴力色情，游走于违法的边缘。此类主播抓住法律和监管政策的漏洞和缺失，即“法无明文禁止即可为”，在表演内容和形式上游走于灰色地带。在跆拳道商业比赛现场，为防止直播间观众流失，男性主播不仅污言秽语不断，亦时不时将镜头对准现场礼仪小姐，博人眼球。更过分的是，该主播借助过激的情绪煽动和吸引观众打赏礼物，以从中

① 贾毅：《网络直播的失范与规范》，载《中州学刊》2019 年第 8 期。

牟取私利。除此之外,中央电视台《焦点访谈》曝光了大量宣扬拜金主义、下流低俗、色情暴力等不良直播行为,点名批评了主播的涉毒直播行为,如“MC 天佑”,其曾在直播中借助说唱的形式大肆宣扬吸食毒品的行为和感受,影响极其恶劣。需要加以关注的是,某些网络主播的失范行为已经属于轻微的违法行为。如“虎牙”直播平台主播莉哥在直播间恶意侮辱国歌、“斗鱼”直播平台知名主播陈某发公然在直播中调侃南京大屠杀事件,甚至个别主播直播盗墓过程等。

四是违反公序良俗,污染和败坏良好社会风气。随着互联网和信息技术的迅猛发展,网络直播日渐成为当前“90 后”和“00 后”的主要娱乐方式。然而,目前的直播内容往往缺乏深度和广度,无法给用户带来积极和健康的信息。一些网络主播为了能够吸引更多的观众,会在直播的过程中出现一些违反社会道德风尚的事情,如卢某伟在一款游戏中使用游戏“外挂”,虽然没有任何违反法律的情形,但破坏了公序良俗;一些主播在直播的时候会与观众互骂或与有竞争关系的人互怼等,如知名户外主播钱某佳在直播时与他人对骂。[①] 事实上,下流低俗、拜金炫富、色情暴力、语言攻击、调侃恶搞、价值导向偏差等问题不仅仅体现以上几个案例中,网络直播中各类问题层出不穷,超出人们的想象,冲破人们的道德底线,甚至个别主播会引导利诱未成年观众打赏。如在 2017 年的 4 月份,海口市 12 岁未成年学生因酷爱某主播,在父母不知情的情况下,私自给主播打赏了高达 4 万元人民币的虚拟礼物;[②]2020 年,浙江湖州女孩为给游戏充值和给主播打赏,半年花掉父亲 40 万元货款等此类案例。[③]

2. 网络直播失范行为的主要特征

虚拟性、普遍性、隐蔽性、复杂性是网络直播失范行为的固有属性。我国数量庞大的网民队伍文化层次不高,组成人员身份较为复杂,是一

① 《户外直播有风险,知名主播钱小佳直播时遭黑粉酒瓶爆头》,详细见 https://baijiahao.baidu.com/s?id=1635279555632395855&wfr=spider&for=pc,2021 年 12 月 25 日访问。

② 《12 岁小学生打赏游戏主播　父母血汗钱还能被追回吗?》,载中国青年网 2017 年 5 月 28 日,http://qnzs.youth.cn/tsxq/201705/t20170528_9902275.html,2021 年 12 月 25 日访问。

③ 《女儿半年花掉四十万货款　未成年人游戏充值、打赏主播能否退回》,载搜狐网 2020 年 12 月 3 日,https://www.sohu.com/a/436369847_100031334,2021 年 12 月 25 日访问。

个跨领域、跨行业，拥有不同信仰、不同文化、不同需求的社会群体，因此，网络直播失范行为具有较强的普遍性。隐蔽性也是失范行为的显著特点之一，行为主体不仅能够使用虚拟的网络用户名来隐藏自己的真实身份，还能通过调整域名从国外操控网络舆情引发国内失范行为的发生。同时，直播平台融合网络、数字和信息技术“三位一体”，具有传播快、信息多、管控难等相关特点。网络直播内容的失范或失控都会带来复杂的社会影响。

一是失范行为主播的覆盖面广。按照直播内容，网络主播可分为游戏演艺类主播、音乐舞蹈类主播和美妆带货类主播等。根据案例分析来看，失范行为的发生几乎涵盖了所有类型的网络主播。例如，某一游戏主播在直播过程中因“外挂”同网友和其他同类主播进行“对骂”，不仅攻击竞争对手所主播的网络游戏，而且话语中还包括对其他主播的人身攻击，严重侵犯了他人的名誉权。而在户外主播中，这种行为也有体现，某些主播为吸引更多观众的观看，以带有“色情”字体的标题为噱头开展直播。

二是网络直播失范言行具有较强情境性与应激性。失范行为往往表现为特设情境下的应激行为。所谓失范行为的情境性，是指失范行为的发生往往以某种情境为背景或依托。如果脱离发生情境，失范行为的解释就具有模糊性，从而导致其性质和责任难以界定和厘清。而失范行为的应激性是网络主播基于行为情境的紧急反应，往往带有情绪性和突发性特点。在网络直播互动过程中，网络主播需要面对数以万计身份背景不同、文化素养不同、现实需求不同和互动动机不同的观众，言语交流和行为互动的内容往往会发生瞬间变化，所以，有些互怼行为或言语失范来自网络主播的情境应激反应。

三是失范主播善于引导用户产生瞬变态度。每个失范主播的身后都会有大量被主播亲切地称为“家人们”的粉丝和后援团等。失范主播往往会从该类群体着手利用他们对自己的行为、言论进行辩解逃避，成为引领和诱导舆论的有力工具。粉丝群体出于对“偶像”的信任往往选择无条件支持，并将这类信任和支持进行传播与放大，起到混淆视听的效果。最终，主播通过树立无辜形象来建立人设，进而取得其他不明所以的观众的关注和信任，从而导致观众消解对自己的质疑和不解，形成观点瞬变的评论风向。

四是网络主播或直播平台之间的恶性竞争。同一个直播领域的主播往往会将具有加大影响力的其他主播视为竞争对手，采取敌视态度开展竞争。在彼此双方不断重复的竞争过程中，双方会不断地抛出所谓的"爆料"和"小道消息"来抨击对方，以博取大众的好感，赢得大众对自身所谓的"信任度"，树立自己的网络正义形象。但不断的撕扯、争斗和对抗，最终会导致竞争升级，容易促使失范行为乃至出格行为的发生。

五是网络主播预设形象或人设的坍塌。形象预设和人设坍塌是主播失范的共性特点。为吸引观众关注，直播平台或直播团队都会赋予网络主播以不同的形象设计，如身份背景、颜值气质或经历经验等，以满足不同群体的交流需求。但互动交流的细节往往会导致观众对主播人设的质疑，从而使网络主播精心设计的形象毁于一旦。人设预设坍塌最典型的例子就是沸沸扬扬的"乔碧萝殿下事件"，预设的温柔可人形象与真实面貌相差甚远，强烈的外貌反差引起网友们极大的震撼。事发后，大量粉丝无法接受，出现大量脱粉现象。更严重的是，"乔碧萝殿下"本人对舆情的回应也有所失当，激起更大的社会反响。该类事件发生的根本原因在于为失范主播自身为达到维护自身形象和预定人设的目的进行硬性"辩解"，但用谎言来掩盖谎言，最终导致弄巧成拙。

六是网络直播失范行为的公关与救助。失范行为的公关与救助既有主播个人的应急行为，也有背后经纪公司和运营团队的谋划和指导，往往表现为两种形式：一是创设新的舆情事件，转移话题。他们往往利用营销手段制造热度，吸引流量。这对主播自身及其背后的公关团队的灵活应变的能力提出较高的要求。二是发表道歉，以求谅解。当失范主播的不良行为产生影响后，其背后的公关团体、粉丝群体、主播本身，以及圈内好友第一时间会作出道歉、补偿等行为，以弥补损失和挽救自身形象，并采取适当手段加以洗白。

（四）复杂性：网络直播行为失范的致使原因

根据经典案例分析和观察结果显示，本部分将从网络主播个体、网络直播受众、网络直播平台、网络直播监管，以及社会文化氛围等视角总结归纳网络直播失范行为产生的主要原因。

1. 网络直播观众的复杂性与多元性

“全民直播”时代，网络直播用户群体特征的丰富性及动机诉求的多元性，是研究网络直播失范行为的基础和前提。根据本部分观察和文献调查，当前的网络直播观众特征可以从人口特征①、行为特征②和动机特征③进行归纳。

表 2　网络直播观众特征

	人口特征	行为实例
成员背景	性别	男性用户多于女性
	年龄	30 岁以下用户较多
	教育	初高中文化用户居多
	职业	自由职业居多
	收入	经济收入一般
动机特征	欣赏颜值	注重主播颜值
	满足好奇	趣闻轶事或探险
	寻求归属	获得身份认同
	信息获取	增长知识
	社会交往	获得存在和参与感
行为特征	内容偏好	实用性内容
	风格偏好	清新文艺
	主播偏好	高颜值主播
	互动偏好	无偿互动

① 《下一波新浪潮：移动直播——视频产业演进史》，详细见 https://m. delinenku. com/p-869261. html，2021 年 12 月 25 日访问。

② 《网络直播面临整体转型，如何摆脱“囚徒困境”?》，详细见 http://www. 199it. com/archives/489719. html，2021 年 12 月 25 日访问。

③ 付业勤、罗艳菊、张仙锋：《我国网络直播的内涵特征、类型模式与规范发展》，载《重庆邮电大学学报（社会科学版）》2017 年第 4 期。

2. 直播平台经济利益至上的价值判断标准

网红经济、粉丝经济和社群经济成为网络时代商业模式创新的典范。据统计,早在2016年,国内网红产业产值已达到580亿元,超过了当年国内电影总票房。① 网络平台和网络主播的营利源于下面六种方式:粉丝打赏和刷礼物、积累粉丝直播带货、积累粉丝开设网店、品牌合作收取代理费用、参与广告代言活动和培训收费授课。② 上述经营模式都是以粉丝数量及其参与程度为基础。因此,增涨粉丝数量、提升关注度和增加互动流量成为直播平台和网络主播之间竞争的核心要素。所以,创新直播内容、传播渠道和传播模式也就成为竞争的主要手段,也成了导致失范行为发生的重要原因。

3. 以网络观众需求为主导的直播模式

网络观众数量决定了网络直播流量,网络观众的需求也决定了网络直播的内容和方式。在直播中,网络直播平台和网络主播为引起关注往往过多迎合观众要求,导致直播内容的低俗化和庸俗化。如2018年3月份,某些直播平台所播放"低龄妈妈"视频误导了青少年对婚恋的认知,不仅违背了伦理道德,甚至触碰了法律的底线。③

4. 网络观众的群体性心理驱动

"群体不仅能引发其成员的唤醒状态,也能使成员的身份模糊化。"④ 网络互动的虚拟性和隐蔽性,以及网络群体的高度认同使网络直播行为充满无序性和不确定性。个人行为与群体行为的融合往往会导致群体成员社会责任感的缺失和个人约束力的降低,从而诱导违背社会规则行为的发生。"犀利哥"的爆红过程就是明显例证。"犀利哥事件"源于天涯论坛的网民发帖,其诱惑性标题在短时间内就吸引了大量网民

---

① 连奕昕:《三大网络时代新经济——社群经济、粉丝经济、网红经济》,载《电子商务》2017第2期。

② 杨卓妍:《互联网3.0时代的粉丝经济——"网红"商业模式分析》,载《现代经济信息》2016年第21期。

③ 《16岁"小妈妈"被推成网红,视频直播平台底线在哪?》,载火狐网2018年4月1日,http://finance_firefox.sina.com/18/0401/08/J371T2YREBMAPZHV.html,2021年12月25日访问。

④ [美]戴维·迈尔斯著:《社会心理学纲要(第6版)》,侯玉波、廖江群等译,人民邮电出版社2014年版。

的关注，令“犀利哥”在短时间内红遍网络，使其开展了一场网络上的全民狂欢。①

5. 网络直播平台长期处于消极的被动管理状态

直播平台对网络主播的管理缺少主动作为。上述案例的发生和最终解决更多的是源于观众的后期举报和舆情倒逼，乃至监管部门的介入。网络直播平台将流量作为衡定网络主播价值的唯一标准，往往侧重于主播的颜值和对观众的吸引数量，会默认低俗和违法行为的发生，导致后来某些主播更加的肆无忌惮，甚至出现涉黄、涉黑和公然违法行为。据有关报道，因涉嫌提供含有宣扬淫秽、暴力、教唆犯罪、危害社会公德内容的网络文化产品，包括 YY 直播等在内的多家知名网络直播平台受到有关单位查处。同时，也应该注意到网络直播行业利益链条所形成的文化氛围的作用和影响。当下网络主播主要以两种身份形式存在：一是个人型主播，完全自我管理和自我负责；二是签约型主播，签约在网络工会或经纪公司旗下，受其统一管理。个人型主播主要依靠自身能力，自由度较大，但发展机遇有限；签约型主播，依靠经纪公司或团队，往往能享受公司带来的机遇和红利。无论哪种方式，网络直播所形成的产业链条都催生了网络主播虚荣和逐利的不良风气，放任乃至推动了网络直播失范行为的产生。

6. 管理部门治理手段匮乏，治理技术应用滞后

自 2016 年以来，国家有关部门高度重视直播行业的良性发展，不断完善关于网络主播、网络直播平台及直播行业的相关法规和政策，并持续加大监管力度。但相对于蓬勃发展的网络直播产业，当前管理工作还存在如下问题：一是政府监管制度缺失。主要表现在直播内容监管和主播素质提升两方面，前者主要是指直播内容监管缺乏行业标准，后者则是指网络主播缺少入门标准和相继的评估标准，无法实现精准化和动态化管理。二是直播监管方式单一，技术手段滞后。当前，对于网络直播节目的监管方式和处罚手段集中法律和行政手段，缺乏市场意识和经济手段。而在技术层面，对网络直播内容的监管主要依赖人工审核，缺少

① 曾舟：《网络群体行为失范的政府治理机制研究》，电子科技大学 2012 年硕士学位论文。

新技术和新方法的应用。[①]

7. 行业契约精神缺失，行业自律意识匮乏

在网络直播行业里，直播行为要受到平台和政府相关部门的限制和约束，并以签订合同、签署承诺书和制定守则或规范等形式，对网络主播或直播平台的责任和要求作出明确规定和要求。但由于多头管理且缺乏监管措施和对应的惩罚机制，行业公约等自治自律规则并无法得以落实。同时，由于网络直播产业的逐利性及网络主播的流动性，整个行业缺少对法规或公约的敬畏和遵从，难以形成行业的自律、自治、自管，需要监管部门使用外力进行监管，既浪费了大量行政资源，也增强了监管的难度。因此，需要引导网络直播平台建立高度行业自律意识，完善自我监督机制，借助自我压力，推进网络直播业的良性发展。

五、应对策略：网络直播失范行为的预防预警

得益于信息网络技术的迅猛发展，网络直播成为新兴文化的象征。从“游戏主播”到“短视频博主”，越来越多群体涌入网络直播平台，越来越多的社会生活进入网络平台直播内容，也越来越影响人们的日常生活。因此，预防和预警网络直播失范行为成为推进网络直播良性发展的基础和前提。根据之前分析和相关文献研究，本部分从网络直播治理理念创新、法制法规完善、监管技术应用和主播职业管理四个方面提出应对策略。

（一）创新网络直播治理理念，构建协同治理体系

作为一种新兴产业，网络直播具有区别于传统行业的行为逻辑，需要创新性理念和模式。一是应厘清网络直播监管和网络直播治理两种理念的内涵及其区别。监管原是经济学概念，主要是指按照特定的规则或命令，对某类活动或事务进行控制。[②] 而治理则强调管理主体的多元

① 尚烨：《网络直播失范现象及政府监管建议》，载《传媒》2017 年第 23 期。

② 陈纯柱，刘娟：《网络主播监管中的问题与制度构建》，载《探索》2017 年第 6 期。

性，是一种民主式、参与式、互动式管理。[①] 因此，针对网络直播乱象，政府部门应吸纳监管和治理的优势和特点，区分监管和治理界限，整合监管和治理手段，运用管理和服务相结合的方法，打造网络直播治理的新理念。二是以系统理念推进网络直播治理。作为新兴产业，网络直播是不同群体在新兴技术驱动下形成的全新的社会经济和文化运用模式，包含了基础技术、社会公众、政府部门等。因此，需要秉持综合、系统、互动的理念，综合运用法律、行政、经济、技术等手段，构建网络直播治理的方法体系。三是多中心协同理念。多中心概念源于英国学者迈克尔·博兰尼（Michael Polanyi）的《自由的逻辑》。该理论认为，在自发秩序活动中，因为任务产生的多元性，也就形成任务的多中心性，人们在解决管理问题时，不能通过统一集中指挥来完成，而唯有靠相互调整的体系才能完成管理行为。[②] 这就要求网络直播治理所涉对象和主体明确责任，厘清任务，建立以任务为中心的治理架构和体系。四是差异化管理理念。差异化管理体现为两个视角，第一是针对不同类型网络直播平台选择相应的治理方法、手段和技术，如文娱类直播平台的管理重点应该是内容审核，而对于直销平台则应强化对销售产品知识产权的审理等；第二是基于直播平台失范行为的分级管理，主要应根据直播平台以往示范行为分析，赋予不同直播平台相应的风险等级和信用等级，进而给予管理权限，推进直播平台的自律。五是优化网络直播产业环境。网络直播产业环境优化体现在两个方面，首先要鼓励多元资本进入直播业，其次是促进网络直播产业链的延伸，[③]以此推进网络直播业的健康持续发展。

（二）完善法律法规和政策，优化网络直播治理机制

互联网治理由于受到政府、市场、技术等多种因素影响和作用，被称为复杂系统工程。“互联网治理是政府、私营部门和民间社会根据各自

---

① 周晓菲：《从“管理”到“治理”一字之差，其内涵有何区别》，详细见 http://theory.people.com.cn/n/2013/1204/c40531-23738656.html，2021 年 12 月 25 日访问。

② ［英］迈克尔·博兰尼：《自由的逻辑》，冯银江等译吉林人民出版社 2011 年版。

③ 曹宇轩：《网络直播失范行为及其治理研究》，湖南大学 2017 年硕士学位论文。

的作用制定和实施旨在规范互联网发展和使用的共同原则、准则、规则、决策程序和方案。”[①]目前,网络直播的相关法规及政策存在缺位和滞后现象;但在其完善过程中,应考虑治理对象的复杂性和多样性,从如下角度逐步形成法律、法规和政策体系。

1. 建立由法律规制与行政政策为主体的法规体系

截至目前,涉及网络直播的法律法规和行政规制有近百余部,一是国家层面的网络安全法、电子商务法、《网络直播营销管理办法(试行)》、《关于加强网络直播规范管理工作的指导意见》、《关于加强网络直播营销活动监管的指导意见》、《互联网文化管理暂行规定》、《非经营性互联网信息服务备案管理办法》等基础性法规,以及《关于加强网络表演管理工作的通知》《关于加强网络视听节目直播服务管理有关问题的通知》《互联网直播服务管理规定》《关于加强网络直播服务管理工作的指导意见》等一系列针对性的规定。二是地方层面的《网络电商直播常见法律纠纷处理指引》(广州市商务局)、《上海市推进直播电商高质量发展三年行动计划(2021—2023 年)》(上海市商务委、市经信委、市文旅局、市市场监管局、市网信办)、《关于进一步加强网络直播营销活动监管的通知》(上海市市场监管局)、《关于促进本市直播电商创新发展若干措施的通知》(上海市商务委)、《关于促进西藏直播电商发展的意见》(西藏自治区商务厅)、《关于推动电商直播提质网红经济促进网络消费的指导意见》(辽宁省商务厅),以及《沈阳市电商直播发展(网红经济)行动方案(2020—2022 年)》(沈阳市人民政府)等。[②]

但就目前已有法律法规来看,网络直播的法律规制需要解决如下问题:一是应具有较强的前瞻性和预防性,充分考虑立法和执法的社会背景和技术条件;[③]二是注重法律法规建设的顶层设计,加强法律法规建设的体系性;[④]三是推进法律法规制定的开放性,吸纳治理对象参与法

① 支振锋:《互联网全球治理的法治之道》,载《法治与社会发展》2017 年第 1 期。
② 参见载国家法律法规数据库,https://flk. npc. gov. cn/,2021 年 12 月 24 日访问。
③ 王也:《网络直播平台监管的问题与对策研究》,吉林财经大学 2020 年硕士学位论文。
④ 傅强:《我国网络直播平台政府监管问题研究》,西南交通大学 2019 年硕士学位论文。

律法规的制定工作；四是强化法律法规制定的针对性，如关于“娃娃打赏事件”的预防和制止等。

2. 组建行业联盟，构建平台和主播的自律机制

行业自律是网络直播行业以内部规章制度来约束失范行为、增强公信力、促进行业良性发展的方式和手段，[①]也是平台运营的逐渐规范化过程。[②] 加强行业自律应从如下方面展开工作：一是建立行业自律组织或联盟。行业协会具有非营利性、自律性、自治性、公共性或中介性的特点，可在政府和网络直播平台之间起到中介性作用，协调政府和市场的关系，弥补政府和网络直播平台管理的不足，填补两者管理之间存在的空白，进而提升网络直播平台的社会责任意识和社会责任感。[③] 二是建立可操作性强的行业规范。自律公约或自律规范是对行业日常经营活动的规范和约束，政府管理部门、行业协会和网络直播平台应针对网络直播存在问题形成覆盖全面、系统有序、可操作性强的行业规范标准。[④] 如2016年4月13日，百度、新浪、优酷等多家知名互联网公司发布《北京网络直播行业自律公约》等。[⑤] 三是建立法规政策的专家咨询体系。网络直播平台是技术与社会相结合的产物，具有较强的专业性和技术性，需要请专业技术和法律规范精通的专家提供专业咨询。

3. 鼓励观众举报和舆论监督，建立社会监督机制

网络直播的良性发展需要社会与公众的监督。一是建立观众举报机制，如“一键举报”制度，主要是建立有效的公众失范行为举报和处置意见反馈渠道，并根据举报信息的准确性给予相应奖励，以提高社会公众的参与程度；[⑥]二是要提升公众监督能力，既要具备良好的法律素养，

---

① 尚烨：《网络直播失范现象及政府监管建议》，载《传媒》2017年第23期。

② 贾毅：《网络直播的失范与规范》，载《中州学刊》2019年第8期。

③ 王奕涵：《多中心协同治理模式下网络直播管理研究》，河南理工大学2019年硕士学位论文。

④ 蓝嘉华：《网络直播平台播出内容政府监管研究》，暨南大学2018年硕士学位论文。

⑤ 《北京市网络文化协会发起网络直播行业自律公约》，载中国网信网2016年4月15日，http://www.cac.gov.cn/2016-04/15/c_1118637887.html，2021年12月25日访问。

⑥ 《“内容管理进化”？全球视频直播巨头直击审核难》，载广电网2018年2月11日，http://www.dvbcn.com/p/59663.html，2021年12月25日访问。

了解网络直播的法律法规，更要具有强烈的正义感、是非观和担当意识；三是加强媒体监督，提升媒体舆论对网络直播乱象的关注力度和监督力度，重点在于三个方面：首先，要建立问题导向意识，以解决直播乱象问题为出发点，善于从舆情动态和公众反映中发现存在的问题，并及时作出相应的应对对策和处置措施；[①]其次，要与媒体相联合构建社会舆论监督平台，扩大社会舆论监督面；[②]最后，要创新社会舆论监督方式，强化新媒体和传统媒体的整合，充分利用传统媒体权威性和新媒体即时性的优势，形成社会监督合力。[③]

（三）创新技术应用，提升网络直播治理能力

网络直播业是以新技术为基础和新技术为驱动的技术主导型产业。因此，通过创新、更新、整合和借鉴等手段和方法优化网络直播监管技术，是提升网络直播治理能力的核心要素。其主要路径和方法如下：

1. 强化技术整合，优化内容审核与监测

内容管理是网络直播治理的难题和核心能力。在网络直播过程中，网络直播行为失范的主要表现就是直播内容的失范。对此，全国“扫黄打非”办公室也有明确要求。[④] 具体来讲，对网络直播内容监测主要涉及两方面技术，图像识别技术和言语识别技术。

在图像识别方面，应结合分集技术强化视频标签化标注。视频标签化是视频分类的一种方法。标签化常应用于电影分级，根据性爱、暴力、毒品等在内的成人内容划分等级，分别对应不同的受众群体。当前，欧美等发达国家已经建立了配套的电影分级制度，为网络直播视频标签化分类提供了有益经验。网络直播内容花样繁多，观众无法分清视频内容真假及其危险性，因此，就需要专业人士完成直播视频内容审核和分级

---

① 张阳：《多中心协同视阈下网络直播乱象治理研究》，华中师范大学2019年硕士学位论文。

② 白玉龙：《自媒体背景下网络直播平台的政府监管问题研究》，陕西师范大学2019年硕士学位论文。

③ 韩冰洁：《网络直播“乱象”的治理问题研究——以斗鱼TV为例》，北京邮电大学2018年硕士学位论文。

④ 《网络直播及短视频企业加强内容管理》，载人民网2018年4月13日，http://media.people.com.cn/n1/2018/0413/c40606-29923222.html，2021年12月25日访问。

加注标签。如 2019 年，山东枣庄两名女童受网络短视频内容的吸引，效仿视频博主，用酒精灯和易拉罐制作爆米花，结果不慎被严重烧伤，最终两女孩一死一伤，造成家庭和社会悲剧。①

在言语识别方面，应运用语言学技术建立敏感词汇词典。由于言语数量巨大，且语言形式变化较快，网络直播平台应当建立自己的语料库，归纳总结其中的"隐语"和"黑话"，形成自己的敏感词词典，以便进行网络直播内容巡查，阻断直播中的不雅交流，最大程度地防止敏感内容的传播。

2. 制定内容管控标准，建立行为风险等级评估

首先，除了运用新技术强化网络直播内容审核外，也应借鉴国外经验和方法开展直播内容"分级——过滤"制度，构建内容管控标准，主要应从思想政治、法律法规、良俗公德等方面，在主播行为（包括动作和言语两方面）、观众行为（包括动作和言语两方面）、互动行为（包括动作和言语两方面）和直播技术四个层面形成可操作性强的行为规范，可为直播平台和网络主播提供行为参照标准，也为管理部门的监管和处罚提供依据，如 2021 年"斗鱼"直播平台新颁布的《斗鱼直播内容管理规定（2021 修订）》等。② 其次，依据上述标准和已发违规事件，建立直播内容管控的分级标准，可以从如下方面分为四个等级：I 级，文化、教育、公益等适合所有年龄段观看的优质直播；II 级，未成年人需要家长陪同观看的限制级直播；III 级，不适合未成年人观看的游戏或直播；IV 级，包含色情、暴力、反动等内容的不良直播，即严禁级游戏或直播。③ 最后，根据上述直播内容分级标准，形成负面行为清单，并以此为基础建立网络直播内容风险评估和预警模型，以建立网络主播的直播信用等级界定提供基础数据。

3. 创新技术应用，建立网络直播的实时检测技术体系

网络直播所产生的海量数据已然无法单独由人工完成内容审核，必

---

① 《山东枣庄两女孩学短视频易拉罐自制爆米花，一人被特重度烧伤》，载中国青年网 2019 年 8 月 28 日，https://baijiahao.baidu.com/s? id = 1643116930998584823&wfr = spider&for = pc，2021 年 12 月 25 日访问。

② 《斗鱼直播内容管理规定（2021 修订）》，详细见 https://www.douyu.com/cms/ptgz/202008/06/16147.shtml，2021 年 12 月 25 日访问。

③ 王奕涵：《多中心协同治理模式下网络直播管理研究》，河南理工大学 2019 年硕士学位论文。

须以技术创新的方式提升网络直播治理能力,重点包括如下三个方面:一是网络群体的发现和挖掘技术。网络主播吸引流量主要是依靠内容,内容能够吸引受众并建立社交圈子,形成所谓的圈层。在这样的圈子内部,很容易滋生违规乃至犯罪行为,如买卖违禁品等。因此,应借助社会网络分析技术(SNA)和方法,通过对弹幕和好友互动等信息的深度分析,挖掘所谓的"粉丝群体",尝试开展圈层化管理。如涉黄直播往往具有较强的隐蔽性,主要是部分主播并不借助直播平台发布视频,更多选择在社交平台进行发布,如微信和 QQ 等软件上,观众通过打赏得到主播的"认可",获取所谓"生活联系方式"等。二是强化对易于诱发直播失范行为的软件和技术应用的监控和管理,如限制使用美颜软件和限制平台跳转等。三是实施对直播间或主播的流量监控。建立直播间或主播的流量记录,如果某直播间或主播的流量突然增多或出现异常变动,则需重点关注并进行深入核查。[①] 四是借助人工智能提升监控技术。人工智能的分类算法可以自动分析和处理网络直播平台中的海量数据,以助于发现网民互动模式、直播间人气及交流内容等。如运用 AI 技术可以分析网络直播平台用户的消费与浏览记录,推算用户的信息,包括年龄、职业、偏好等,一旦出现近年来高发的青少年巨额打赏主播的情况,系统可以第一时间发出警告,有效制止打赏行为。[②]

4. 建立网络直播治理的预警和应急处置能力

从公共危机的生命周期理论视角来看,网络直播失范行为或事件可以分为两个阶段,即失范前的预警和失范时的应急处置。网络直播失范行为的预警能力是指能灵敏、准确地昭示出风险前兆,并能及时提供警示。[③] 预警能力的构建包括三个方面内容:一是建立行为信息分析系统,构建行为评估指标体系;二是建立信息监测体系,及时预测失范行为;三是建立预警警示系统,制定失范行为应急处置预案。网络直播失

① 王欢、庞林源:《网络直播监管机制及路径研究》,载《出版广角》2017 年第 6 期。

② 王也:《网络直播平台监管的问题与对策研究》,吉林财经大学 2020 年硕士学位论文。

③ 张维平:《突发公共事件预警机制的理论构建》,载《中国石油大学学报(社会科学版)》2006 年第 3 期。

范行为的应急处置可以控制事态的发展和蔓延，减少对社会的影响和危害。网络直播失范行为具有突发性，对其处置应调动一切可利用资源，最大限度减少不良影响，保证处置的及时有效。同时，网络直播失范行为的发生往往涉及多个主体，因此，在网络直播失范行为处置中，政府必须与多部门进行协调沟通，有效合理配置资源，积极快速对网络群体失范行为作出反应，实现对网络空间有效治理。同时，还应该注重信息公开能力建设，政府和直播平台应积极回应公众质疑，满足公众知情权，引导舆论发展，避免失范行为的失控。[①]

（四）主播管理：建立和完善主播管理制度

网络主播是在互联网直播活动中从事节目主持和观众互动等工作的新兴职业；按照直播内容可分为秀场主播、游戏主播、营销直播和其他直播等。[②] 据相关部门统计，截至 2020 年底，我国网络主播的账号累计已经达到了 1.3 亿个，直播用户规模超过 6.17 亿个，达到 1930.3 亿元的市场规模，[③]成为经济增长的新引擎。[④] 作为网络直播行为主体，网络主播管理是直播失范行为治理的关键要素，网络主播的响应和参与程度也决定着直播失范行为的成败。根据文献调查和案例分析，网络主播管理主要包括如下方面：

1. 规范网络主播身份核查与准入制度

庞大的粉丝数量给予网络主播巨大的社会影响力，如著名带货主播“薇娅”就拥有高达 1.3 亿的粉丝，[⑤]使网络直播间具有公共空间属性，更使网络主播成为公共人物。但目前的网络主播准入规定则显得随意和简单，运用电脑下载直播 APP，完成平台注册，开通自己的直播房间即

---

① 曾舟：《网络群体行为失范的政府治理机制研究》，电子科技大学 2012 年硕士学位论文。

② 详见百度百科。

③ 《中国直播现状：规模千万，主播过亿，用户数量众多》，详细见 https://baijiahao.baidu.com/s? id = 1700380039087021701&wfr = spider&for = pc，2021 年 12 月 25 日访问。

④ 《2020 直播行业发展报告发布，主播数量超 1.3 亿，大多数收入几千元》，详细见 https://baijiahao.baidu.com/s? id = 1700130130112299188&wfr = spider&for = pc，2021 年 12 月 25 日访问。

⑤ 《全网 1.2 亿粉丝后，薇娅的下一步?》，详细见 https://baijiahao.baidu.com/s? id = 1700466878994696731&wfr = spider&for = pc，2021 年 12 月 25 日访问。

可成为网络主播,不受年龄、文化水平等限制。[①] 因此,网络直播失范行为治理就有必要开展如下三个方面工作:一是规范和完善网络主播准入制度。建立网络主播准入制度并不是为了限制网络主播的数量、自由,目的在于提高从业者的职业素养和业务能力,强化对持证上岗的管理,以保证行业的良性发展。网络主播的准入应包括两方面内容:实名认证,以确保身份信息的真实性;基本测试,强制其了解法律常识。二是借鉴滴滴公司关于顺风车司机身份核查经验,对较有影响力的网络主播进行身份背景审核,对于涉毒、涉独、涉恐、涉暴等问题人员,应当限制其对网络直播平台的使用,防止直播平台成为犯罪工具,对社会安全带来隐患。三是建立网络主播入职资格证制度,参照消防、电焊、法律等行业做法,要求从业人员参加相应的考核,达到一定水平方可取得相关专业部门颁发的职业资格证书或执业许可证书。网络主播作为新兴的职业,应当建立准入制度和从业资格证制度,并由网络监管部门审核和管理。

2. 规范网络主播职业培训制度

由于网络直播行业尚处于起步阶段,不仅对待从业人员缺少选拔和考核,而且对已经从业人员也缺乏相应的专业培训。因此,应对网络主播人员进行专业规范培训,一是关于互联网法律法规、网络直播行业自律公约、网络直播内容规范标准及从业人员行为规范等;二是关于主播从业应具备的专业知识和专业素养。[②] 通过上述培训和学习形成一套良性的引导机制,提升网络主播从业人员专业素养和规范意识。

3. 搭建网络主播信息数据库

建立网络主播信息数据库以对网络主播实施动态管理。网络主播信息数据库主要涵盖三个方面数据:一是网络主播的注册信息库,采集网络主播的个人基础信息及背景信息,以加强实名制管理;[③]二是网络主播的直播行为记录,采集直播中参与人员信息及互动行为信息等;三

① 陈纯柱、刘娟:《网络主播监管中的问题与制度构建》,载《探索》2017 年第 6 期。

② 曹宇轩:《网络直播失范行为及其治理研究》,湖南大学 2017 年硕士学位论文。

③ 黄勇军、龚力:《网络主播的失范及其监管发展体系的建构》,载《西南科技大学学报(哲学社会科学版)》2019 年第 2 期。

是网络主播直播行为评价信息，主要是观众评价和投诉、举报信息等。

4. 运用大数据建立网络主播信用评级

基于上述工作，网络主播监管部门还应运用大数据分析技术建立信用评级机制，通过历史监管记录形成信用等级评定，并作出相应处罚措施。一是对发布和传播违法违规内容的主播应降低其信用度，并根据其信用度采取整改或封禁账户等措施；[①]二是建立网络主播日常行为评估制度，依此设立网络主播黑名单与白名单。对于失范行为频发或引发恶劣社会影响的网络主播，应将其列入黑名单并进行公布。与之相对应，监管部门也应通过考评设立网络主播白名单，以营造一种积极向上和传播正能量的氛围，为网络主播树立良好的公众形象。[②]

六、小结

网络直播是科技进步和时代发展的产物，是一种新兴的自媒体。它们的异军突起既给社会发展和科技进步带来了新的机遇，也带来了网络直播行为失范等新的社会问题，诸如涉黄、涉暴等信息或行为的出现等，可谓机遇与挑战并存。为了推进网络直播的良性发展，监管部门对网络直播首先要改变管理视角和理念，从综合治理角度开展网络直播失范现象的治理和规范；其次，要逐步建立和完善网络直播的法律规制和行业公约，构建网络直播业发展的良性社会文化氛围；再次，借助大数据、云计算和人工智能等新技术打造网络直播的检测和评估体系，提升网络直播管理的核心能力，提高网络直播的治理效能；最后，以网络主播为中心，建立相应准入和培训制度，并形成主播行为的信用评估体系，进而提升网络主播群体的道德水准、法律素养和专业知识。上述措施的实施有助于规范网络直播平台的运行，切实提高网络直播平台的管理模式，营造风清气朗的网络空间。

---

① 蓝嘉华：《网络直播平台播出内容政府监管研究》，暨南大学 2018 年硕士学位论文。

② 肖翠萍：《网络直播乱象的政府规制研究》，湖南师范大学 2018 年硕士学位论文。

第五章　结束语:社会文化的适应与创新

文化是人类应对自然挑战和适应社会发展的产物。网络社会群体现象是在社会高度信息化和复杂化背景下人类社会文化发展的一种表征形式,是人们为适应现代社会生活和发展所创新的群体形态,与农耕文明和工业文明时代的社会群体相比,在形成过程、结构形态、互动形式及行为模式方面都有着显著的区别性特征。

一、感知认同驱动的群体过程

社会群体的形成是个体向群体转化的过程,其社会基础是对所加入群体的认同。英国历史学家爱德华·帕尔默·汤普森(Edward Palmer Thompson)曾说过:"当一批人从共同的经历中得出结论(不管这种经历是从前辈那里得来还是亲身体验),感到并明确说出他们之间有共同利益,他们的利益与其他人不同(而且常常对立)时,阶级就产生了。"[①]与阶级的形成相似,网络社会群体的产生需要以认同为基础,但由于网络身份的匿名化和社会关系的拓扑化,其认同的基础则更多体现为观念、情感及诉求的相似或相同,而忽略实体利益的追求。谷楠在研究TFBOYS粉丝聚集成群的过程中发现,TFBOYS良好的相貌和行为举止,对自己梦想的追求,以及他们纯粹、单纯的价值观都对其粉丝群体的形成和运行具有关键性影响作用。[②] 在2017年的"于欢案"的舆情传播中,知名媒体和专业律师以信息传播和知识传播成为该舆情事件中的意

① [英]爱德华·帕尔默·汤普森:《英国工人阶级的形成(上下)》,钱乘旦等译,译林出版社2001年版。

② 谷楠:《多主体偶像粉丝的群体认同建立——以TFBOYS粉丝为例的质性研究》,中国青年政治学院2017硕士学位论文。

见领袖,激发了网民之间的互动和交流,形成了以知名媒体和专业人员为主体的偶发性、即时性的意见群体。①

二、弱关系主导下的群体形态

在农耕时代和工业时代,社会群体的产生与发展主要维系于成员之间的血缘、地缘和业缘关系,而且其成员关系也受约于社会地位和经济收入等,形成稳定的强关系。进入信息化时代以来,交通、通信和传媒等技术的迅猛发展推动了人类原有的社会结构、组织模式和思想观念的解构和溶解,网络社会群体的出现就代表了社会结构及其组织形态的新趋势,流动的现代性(Liquid Modernity)或称之为液态社会。“在液态现代社会,不再有永恒的关系、纽带,人际间互有牵连,但不再着重紧密扣紧,在于可以随时松绑。”这一时代,人类原已固化的金字塔式的社会组织形式,正在向高度不确定、流动易变的液态社会转变;②其主要特征为生产方式的流动性、思维方式的碎片化、行为方式的失范化和社会关系的弱化。③ 相比较于社会群体的传统组织模式,网络社会群体成员之间的关系更多体现为无关联、弱关联和弱关系。2008 年发生于江苏南京的周某耕“九五至尊香烟事件”,以及 2013 年发生于陕西的“‘表哥’杨某才舆情事件”中,所参与网友在弱关联,乃至无关联的基础上,逐步形成一个以自发任务为中心的临时性网络,采用“众包”和“人肉搜索”的方式,从香烟和手表的图片分析入手,最终推动纪检和监察部门查实两人的贪腐事实。

三、基于符号构建的群际互动与交流

网络社会群体所具有的高度液态性,使其成员处于一种“熟悉的陌

---

① 成俊会、张思、吉清凯:《基于 SNA 的社会热点事件微博舆情阶段性传播网络的结构分析——以“于欢案”为例》,载《北京管理评论》2019 年第 3 期。

② 郇建立:《现代性的两种形态——解读齐格蒙特·鲍曼的〈流动的现代性〉》,载《社会学研究》2006 年第 1 期。

③ 黎荔:《迎向这个液态社会》,载搜狐网,https://www.sohu.com/a/328131851_100212187,2021 年 12 月 25 日访问。

生人"状态。在群体形态的演变过程中，群体的认同和形成既需要成员之间相似的价值观、情感共鸣及利益诉求构成群体构建的深层结构；更需要具有群际互动和群体构建作用的符号体系组成的物化形式和表层结构。在互动交流中，群体的符号体系表现为语言符号以互动仪式等，形成群体认同及群体识别的区别性特征，乃至成为群体的标志和图腾。由乙肝患者所创建的"肝胆相照"论坛，自 2001 年成立以来，逐步建立了成员之间互动仪式和行为模式，一是情感支持，给予交流对象在病情上的理解、共鸣、鼓励、关心和同情等；二是信息支持，主要是给予交流对象治疗、预防、就诊以及用药方面的建议、参考和知识；三是陪伴支持，主要表现为成员之间的闲聊、幽默和调侃等。与此同时，论坛也逐步形成了成员之间沟通交流的语言模式。譬如，论坛中的网友为表达鼓励和乐观的情绪在说明自身病情时写道："宝贝，对不起！我始终没有勇气去对你坦白，被你深爱的我是一名小三阳患者……我想跟你坦白，我知道这样可能会永远失去宝贝；但我更知道，如果不坦白，我会一直痛苦下去。"①由此，论坛拥有较强的吸引力和凝聚力，截至 2021 年末，已登记注册会员 1064823 人，发帖总量 4960789 份。②

四、高度差异化的群体行为

借助微信、微博、QQ、抖音等软件的普及和发展，现代社会已经高度社群化和圈层化，并成为人们未来生活的发展趋势；同时，与传统社会群体相对比，网络社会群体的功能也高度分化和异化，根据群体行为内容和功能目标，网络社会群体呈现出如下类型：一是知识型社群，以知识传播、知识获取及技能提升为核心内容，影响力较大的群体有逻辑思维等；二是兴趣型社群，基于兴趣爱好所建立的、具有较高共鸣度和黏合度的群体，代表性群体有网络迷群、趣缘性社区、百度贴吧等；三是工作型社群，运用 QQ、微信、支付宝、微博、钉钉、淘宝等软件所创立的工作型社

① 刘瑛、孙阳：《弱势群体网络虚拟社区的社会支持研究——以乙肝论坛"肝胆相照"为例》，载《北京：新闻与传播研究》2011 年第 2 期。

② 《论坛指南》，详细见 http://hbvhbv. info/forum/forum. php.

群；四是关系型社群，依托已有人际关系建立的群体，常见的有同乡群、同学群、校友群及业主群等；五是营销型社群，也可称为社群电商，即将社群作为一种工具，进行商品销售的行为，常见的有各种营销社群。[①] 梅特卡夫定律告诉我们：“网络的价值与联网的用户数的平方成正比。”[②]基于这一认知和现实发展，网络社会群体有着被商业化和资本化的倾向和趋向，并逐步成为商业营销的主要途径及社群关系变现的工具。

五、研究展望与构想

在政府力争“六保”的背景下，维护和加强社会稳定与社会安全，既是国家建设和发展的基础和保障，更是推进国家治理体系现代化建设的挑战和机遇。依此，未来的网络社会群体研究应该以社会稳定、社会安全及网络社群的良性治理需求为导向，构建网络社群的发展向度评估框架、网络社群的安全向度评估模式和网络社群的协同治理体系。

一是网络社群的发展向度评估。感知网络社群的演进发展态势，网络社群的发展态势感知意在探索构建网络社群的能力体系及其评价方式和方法，可以体现为“组织——行为——价值”三项内容。(1)网络社群的组织能力：运用社会网络分析等技术和方法，重点研究网络社群的结构形态、群体成员凝聚能力、群体自治能力、群体裂变能力及能力形成机理。(2)网络社群的行为能力：以群体动力和集群行为理论为指导，主要研究网络社群的群体行为模式、群体行为逻辑、行为动员能力、资源动员能力及行为动力机制。(3)网络社群的价值取向：借鉴传播学理论，运用文本分析方法和用户画像技术，重点探究网络社群的群体性格、群体形象建构、社会价值取向及舆情和情绪传播。

二是网络社群的安全向度评估。把握网络社群的社会安全风险，网

---

① 周琼：《社群经济时代新兴网络社群的特点及其影响》，载《浙江工业大学学报（社会科学版）》2018 年第 4 期。

② 方璇：《互联网企业估值的探讨：梅特卡夫模型的应用》，上海国家会计学院 2018 年硕士学位论文。

络社群的安全向度评估旨在以维护社会安全和促进社群良性发展需求为导向，开展“致险要素——评估模式——致因解析”三项研究，并构建社会安全风险评估方式和指标体系：(1)安全向度关键要素：重点通过案例解剖、学理分析和法律文本分析，构建社会安全风险关键要素，形成网络社群社会安全风险评估关键要素知识图谱。(2)安全向度评估方法：运用层次分析、神经网络分析等技术方法，构建网络社群社会安全风险评估指标及风险等级指数，对网络社群开展适用性评估，并形成网络社群社会安全风险评估指标体系和评估模式。(3)安全风险致因解析：运用根因分析技术、整合多学科理论，重点研究网络社群高致险因素，根据其影响权重制作网络社群社会安全风险清单，并加以深度分析形成致因解析报告。

三是网络社群的协同治理体系。助建网络社群的良性发展环境，协同治理体系构建是借鉴企业合规理念和技术，以网络社群的“规范——引导——发展”为导向，主要研究网络社群和网络社会治理的制度设计、政策和法规体系的整理与评价，以及网络社群的合规体系。(1)多元参与的协同治理机制设计：运用专家方法和问卷调查方法，构建网络社群协同治理框架、创新多元主体协同机制、规划协同治理能力构成、探索网络社会治理的社区(群)警务机制。(2)多层次的法律规制整理评价：采用文本分析、专家访谈和问卷调查方法和技术，整理和评估现有网络社会治理法规体系并提出修订和创立建议、构建网络社群法律规制(国家法规与行业规定)知识库。(3)多角度的合规体系构建：使用专家访谈、价值链分析方法和岗位价值分析技术，形成网络社群社会安全合规清单，构建网络社群社会安全合规审计方法，探索网络社群社会安全合规运行机制构成。